国家出版基金项目
NATIONAL PUBLICATION FOUNDATION

社会主义核心价值体系建设
"双百"出版工程

项 目

/ **100**位
新中国成立以来感动中国人物/

容 国 团

何志毅/著

吉林文史出版社

前　言

　　每个人的心中都多少有一点英雄情结，都向往英雄、景仰英雄。也正因此，在中华人民共和国建国六十周年之际，由中央十一部委联合组织开展的"100位为新中国成立作出突出贡献的英雄模范人物和100位新中国成立以来感动中国人物"的评选活动中，群众参与投票总数近一亿。这其中的每一张选票，都表达了人们对英雄模范的崇敬之情，寄托着对伟大祖国的美好祝福。

　　一个民族不能没有英雄，否则这个民族就不会强大。当国家危难之时，懦弱者选择了逃避、妥协甚至投降，英雄们却挺身而出，用热血捍卫民族的尊严，人民的幸福。在创立和建设新中国的伟大历程中，涌现出无数可歌可泣的英雄模范人物。他们之中，有为了民族独立和人民解放而英勇牺牲的革命先烈，有为了党和人民的事业而不懈奋斗的优秀共产党员，有在全民族抗战中顽强奋战、为国捐躯的爱国将士，有英勇杀敌的战斗英雄和革命群众，有积极从事进步活动的著名民主爱国人士和国际友人……他们是民族的脊梁、祖国的骄傲，是激励全体人民团结奋斗的精神力量。

　　《100位新中国成立以来感动中国人物》丛书，就像一部星光璀璨的英雄谱，真实、完整地记录了英雄模范人物不平凡的一生，再现了他们非凡的人格魅力和精神世界。舍身堵枪眼的黄继光，拼命也要拿下大油田的王进喜，中国原子弹之父邓稼先，新时期领导干部的楷模孔繁森……一串串闪光的名字，一个个动人的故事，犹如群星闪烁，光耀中华。

　　当今中国正处于伟大变革的时代，迫切需要涌现出一大批勇于承担历史使命、为祖国和人民奉献一切的先进人物。在"双百"人物崇高精神的引领下，在建设社会主义现代化国家的征程中，必将英雄辈出。

生平简介

　　容国团（1937-1968），男，汉族，广东省珠海市南屏镇人，1937年出生于香港。中国共青团团员，广东省政协委员，优秀的乒乓球运动员、教练员，国家运动健将，生前在原国家体委工作。

　　容国团从小喜爱并学习乒乓球，1957年初，代表香港公民乒乓球队参加香港乒乓球埠际赛，一举夺得香港有史以来的男子团体、双打、单打冠军。接着又打败来香港访问比赛的日本世界冠军荻村伊智郎。1957年10月，被选入广州乒乓球队，立下"三年夺取世界冠军"的誓言。次年，被选入国家乒乓球队。他苦心练就直拍快攻打法，球路广，变化多，发球精，推、拉、削、搓和正反手攻球技术较好地继承和发展了我国乒乓球左推右攻的传统技艺，并创造发转与不转球、搓转与不转球的新技术。他的打法灵活多变，独树一帜，开创了我国乒乓球"快、准、狠、变"的近台快攻技术风格。1959年4月，在第二十五届世界乒乓球锦标赛上，他先后战胜各国乒坛名将，为中国夺得了第一个乒乓球男子单打世界冠军，成为新中国第一个世界冠军获得者。1961年4月，在参加第二十六届世界乒乓球锦标赛男子团体决赛上，他在两次受挫的情况下，仍败不馁，坚定信念，振奋精神，激情誓言："人生能有几回搏，此时不搏更待何时！"最终战胜强劲对手，为中国队第一次夺得男子团体冠军作出了重要贡献。1964年12月，他被调任国家乒乓球女队主教练，于翌年4月，带领女将们参加第二十八届世界乒乓球锦标赛，为中国队首次取得乒乓球女子团体冠军作出了重大贡献，荣获特等功。文化大革命时期受到迫害，于1968年6月逝世，时年31岁。容国团是我国体坛一位里程碑式人物。1984年，被评选为中华人民共和国成立35年来杰出运动员。

1937-1968
[RONGGUOTUAN]

◀ 容国团

目 录 **MULU**

容国团是中华民族的骄傲（代序）

有这样一个南粤青年，他脸青唇白，形销骨立，因患有痨病而被队友暗地讥为"皮包骨头"。在那个"大跃进"的年代里，像许多患了"妄想症"的人一般，竟然也口出"狂言"，宣称自己将在三年内在运动场上拿下第一个世界冠军。他果然做到了，并且将实现诺言的时间提前了两年。紧接着，他和队友一道夺取了也是中国乒乓球史上的第一个世界乒乓球男子团体冠军，为集体争得了荣耀。不仅如此，在他事业的巅峰时刻，他执掌了中国乒乓球女队的帅印，带领女将们赢得了中国乒乓球史上的第一个世界乒乓球女子团体冠军。国家体委为表彰他的杰出贡献，于1961年和1964年两次给他记特等功，并多次授予他体育运动荣誉奖章和奖状。他短暂的一生充满传奇色彩。他的名字曾经与共和国体育事业的缔造者、赫赫有名的贺龙元帅连在一起，和共和国体育事业的第一代杰出领导者荣高棠以及运动员徐寅生、李富荣、王传耀、庄则栋、孙梅英等关系密切。他们互相激励，共同奋进，荣辱与共。他创造了一个时代的奇迹与神话，却又因为种种缘故，自己扼杀了自己的生命。他以自己的"三个第一"确立了自己的不朽，他的事迹将为世人永久传颂。他就是容国团。

容国团，原籍广东省中山县南屏乡（今属广东省珠海市香洲区南屏镇），1937年8月10日生于香港一个普通工人的家庭。家境贫寒，曾沦为街童，靠捡市场被人遗弃的菜叶果腹，到渔行当童工营生。现实生活中的种种桎梏，赋予了容国团一种桀骜不羁的性格，令他无视艰险，勇攀高峰，疾恶如仇，眼睛里容不得一粒沙子，终至舍生求死，遗恨人间。

容国团是中华民族的骄傲，他的"三个第一"的获得，为中国赢得了"乒乓大国"的光荣，振奋了海内外炎黄子孙的民族自信心，推动了全国体育运动的向前发展。

回溯半封建半殖民地的旧中国，由于清廷及国民党政府的腐败无能，帝国主义列强对中国的侵略、掠夺，国内军阀的封建割据，连年不断的战争，导致政治、经济、文化和体育十分落后，国民积弱，备受外国人的歧视。一些社会团体和人士提出"体育救国"，有的提倡发展国术以振奋民心。当时民族志士霍元甲号召"国要强，国人非从习武不可"。他在上海创立一间精武学堂，鼓励尚武精神。这个精武会，曾多次击败来沪耀武扬威的外国拳击家，大长中国民众志气。但是，由于历史条件限制，精武体育只沦为某些人沽名钓誉的工具，中国人始终洗刷不掉"东亚病夫"的耻辱。1932年，中国第一次派出田径选手刘长春和教练宋君复参加在美国洛杉矶举行的第十届奥运会。各界人士都希望刘长春能"使中华民国之国旗，飘舞于世界各国之前"。可是，刘长春在参加百米预赛时就已名落孙山。1936年，第十一届奥运会在德国柏林举行，中国派了140人的代表团出席。比赛结果，除符保卢的撑杆跳高取得决赛资格外，其余各项的运动员均在初赛中被淘汰。1948年，中国派出75人的代表团参加在英国伦敦举行的第十四届奥运会。比赛结果是各项运动员均在预赛中就被淘汰。这时，一家外国报纸刊登一张耻笑中国体育运动水平落后的漫画，画的是一个中国人站在大鸭蛋旁边看奥运会的奖品，给了中国人莫大的污辱。由此，一直以来，中国选手在很多外国选手眼里是微不足道的，甚至很多外国运动员在赛后连跟中国选手握手都觉得是多余的，经常一甩胳膊扬长而去。

　　中华人民共和国成立后，中国优秀乒乓球运动员容国团以中华民族巨人的形象和雄狮的气魄出现，力挫各路洋人，为中国夺得了第一面金牌，使中国国旗首次在国际运动场上空高高飘扬，嘹亮的国歌声激动了每一个中国人的心，震撼了神州大地。他为中华民族体育史上奏响了第一首响彻云霄的凯歌。

　　容国团率先发出夺取世界冠军的口号，敢想敢干的精气神，是那么自然、那么务实、那么有动力、那么不达目的不罢休。"就是容国团的这一搏，至少提前十年圆了中国人获取世界冠军之梦，把'东亚病夫'的帽子摘了下来。"这是原中国国家体委训练局副局长李富荣在20世纪80年代中期说过的一句话，直到今天，我们仍认为此言有理。

　　容国团留给我们的东西实在太难得太难得了，它将使我们今天仍活着的人受惠无穷……

怆然的童年

故乡的摇篮

★★★★★

1937 年卢沟桥事件爆发之后，日本法西斯的铁蹄蹂躏着祖国的神州大地，中华民族处于生死存亡的危急关头。8 月间，日军派出航空母舰，侵占了中山县三灶岛（今珠海市金湾区），准备在这里建立一个侵占华南并进一步侵略东南亚的海、空军军事基地，以实现所谓的"大东亚共荣圈"的狂想。容勉之的家乡，也出现了由国共两党合作的抗日救亡运动。8 月 10 日，一个未来的世界球星在香港呱呱坠地，来到了苦难的人间。这个男婴长着一张鹅蛋脸，一双灵秀的眼睛，常圆溜溜地瞅着人转。容勉之中年得子，脸都欢喜青了，他整天抱着婴儿左瞧右看，思考着为儿子取一个有意义的名字。几经斟酌，最后这位面临祖国沦亡、外忧内患，总希望有一个强大的国家和团结的民族作为自己坚强支柱的游子，就给儿子取了一个很合时宜的名字："容国团"。

1941 年 12 月，日军占领了香港，容勉之工作的渣打银行也被日本人接管了，银行的职员全部遣散，容勉之被迫带着全家逃难。

容国团跟随父母和舅父、姨母一起回到了外祖父的家乡南溪乡。容勉之经外家人介绍，在南溪乡人第五区区长薛三镛处当文书，容国团的母亲文淑莲每天做些松糕仔、山米糕之类的糕点，挑去桥头摆卖，而舅父文恩踩自行车载货到澳门营生。那时，二舅父文韬已参加了由当地中国共产党领导的中山县抗日义勇大队，不久为国捐躯。噩耗传来，文家上下悲恸，陷入一片愁云惨雾之中，却慑于淫威，不敢公开悼念，一家人只能掩上门抱头哭泣。容国团幼小的心灵，第一次受到了沉痛的创伤，对日本侵略者怀着刻骨的仇恨。由于文家有人参加抗日活动，成了汉奸密侦队的目标，五桂山一有什么风吹草动，密侦队便会领着几个荷枪实弹的日本鬼子闯入文家搜查。名为抓抗日分子，实为勒索。文家稍微值钱的东西都被抢走了。寄居在外家的容勉之，此时也只能敢怒而不敢言。小小年纪的容国团对那些恃强凌弱的坏人并不畏惧，常常站在门口目光炯炯地直视"太君"。有一次，村里走来一个日本兵，他见容国团不向他躬礼，端着一把明晃晃的刺刀吓唬他，妈妈见了，慌忙把儿子抱在怀里，才免遭戕害。

过了几个月，容勉之见伪政府与倭寇都是一丘之貉，愤然辞去文书的职务，带着全家回到自己的故里南屏乡，他通过乡人的介绍，在母校当教书匠。曾与容勉之在渣打银行共过事的族人容以文，很热情地腾出一个房间给他一家居住。容勉之为人谦恭厚道，公正无私，任教一

△ 1937年8月10日，容国团出生在香港。图为容国团和母亲摄于香港渣打银行公寓

年，就被乡人推选为学校的教务处主任。甄贤学校的校长是挂职的，他实质上是代理校长的职务。由于当时货币天天贬值，教师的薪酬以谷子代替，容勉之上任后，实行主任与教师的待遇一律平等——都是一样领一担谷子。容勉之很热心教育工作，对学校进行了改革，制定一系列规章制度，几年间，给学校带来很大的变化，校风良好，学生学业进步，深得乡民的交口称赞。

△ 容国团幼年时代

容国团第一次回乡，就感受到家乡的气息，他常跟随母亲和乡间的同龄孩子一道上山打柴、下河捉鱼捞虾来帮补家用。容勉之很注意对儿子的培养，趁着在乡下的闲适，常常教他写毛笔字、下象棋，陶冶他的性情。他知道儿子喜欢打乒乓球，特意从房里搬出一张木床板到院子里，用两条长凳子架着当球桌，中间横放一根竹竿儿做"拦网"，父子俩各握着一块没有胶片的乒乓球光拍，一来一往地对攻起来。当父亲去上课时，容国团就独自一个人向着院子的墙壁把球推来挡去，自得其乐。父亲看到儿子对乒乓球这么着迷，心里很高兴。

"阿团，行行都能出状元，打球也是有前途的，你现在开始学打球，将来说不定会有很大出息。"

容勉之说出这种话，其实只是希望儿子好好地长大成人，不要染上乡下一些孩子的不良习气——要么泼野得拉帮结伙地打群架，要么只懂得撒娇躲在父母的怀抱里干不成什么事。同时，他也不放心让儿子在乡间的田野到处乱跑，因为南屏乡地处西江河口，河汊密布，经常有小孩子遇溺的事情发生。当时他怎么也不会预想到将来儿子靠打乒乓球混口饭吃。

然而，这一无心之言，却铭记在容国团充满童真的脑袋里，激励他奋发图强，容国团日后竟一鸣惊人。

1943 年夏，容国团考上甄贤学校读书。开学那天，文淑莲给儿子做了一套新衣服，在他的书包里装上一对红包、一条青葱、一个蒜头、一束粉丝和两只熟鸡蛋，其用意是希望儿子开学万事如意，读书聪明伶俐，灵巧会算，各科成绩 100 分。这天清早，容国团特别高兴，他挎上书包，牵着妈妈的手，一蹦一跳地来到学校。进入校门，他和新入学的同学一起恭敬地向挂在大堂上方的孙中山肖像和容闳肖像行躬礼。原来，这间学校是由乡人容闳创办的，始于 1871 年。容闳是中国第一个留美大学毕业生、爱国华侨学者和西学东渐的第一人，他在清同治年间，向清政府倡议和主持选派中国第一批学童赴美国留学，为中国近代留学教育奠下了基石。在他的爱国思想的影响下，甄贤学校保持着爱国主义教育的传统。新入学的学生，上第一堂课，就是要接受爱国主义的教育。这时期，一批抗日骨干分子，以教师的身份，秘密开展抗日救国的宣传活动。容国团很喜欢听共产党员容观奇老师讲容闳的爱国故事，对容闳以教育救国救民为己任的爱国精神和不为洋人卖命的民族气节所折服。稍长，他开始理解容闳在美国耶鲁大学读书时写下的座右铭"大人者不失其赤子之心"、"有志者事竟成"

△ 容国团父亲容勉之，中山县南屏乡（今属珠海市南屏镇）人，日本归侨，曾参加过香港海员大罢工和广州起义

的真谛。

甄贤学校向来重视体育，经常开展足球、乒乓球、羽毛球等体育活动。在1936年，学校派代表队参加广东省学生体育运动会，取得了优异成绩，被广东省国民政府主席吴铁城授予一面"积健维雄"的锦旗；同年夏，曾在甄贤学校读书的学生容启兆，以领队的身份带领由李惠堂、孙锦顺、冯景祥等队员组成的中国足球队，第一次参加在德国举办的第十一届奥运会。他们于5月2日登上法国邮轮"阿米斯"号，先赴南洋群岛作热身赛，以筹措经费。果然，捷报频传，中国足球队共战27场，除4场战平外，未尝败绩，攻入113球，仅失27球，震惊东南亚，他们为中国争了光，为华侨争了气。继后中国足球队向柏林进发，但由于连续征战，数月劳顿，在8月2日，穿着红上衣、白短裤的中国队

△ 中国第一个留美大学毕业生，首位提倡选派中国学生到外国留学的爱国华侨学者容闳

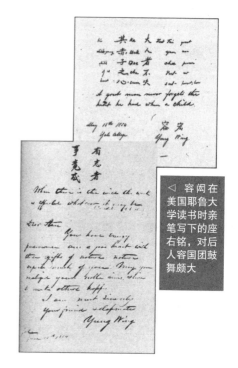

◁ 容闳在美国耶鲁大学读书时亲笔写下的座右铭，对后人容国团鼓舞颇大

△ 容国团7岁在甄贤学校读书时，就开始学打乒乓球（图为容国团和母亲摄于1945年）

首战足球王国英国队时，先灌入一球，后因体力不继而以1：2饮恨柏林。这一战，让瞧不起中国队的外国人感到不可思议，大吃一惊。

甄贤学校小礼堂中央，放置一张乒乓球桌，引起了容国团的躁动。但全校只有这张球桌，每当下课铃一响，很多同学就提前抢占球台。为了公平竞争，大家定下一个规矩，按先后顺序，以七分球定输赢，胜者继续做台主，败者下场排队轮候，由下一个对手上场。容国团将在香港时文恩舅父平时教他左推右攻的打法派上用场，他的球打得头头是道，常常扳倒许多对手。他不但在下课时间打球，而且还充分利用放学或假日时间和几个伙伴一起练球。当放学回家，他把书包一丢，扒上几口饭菜，板凳还未焐热，就把球拍往裤头一插，转身又匆匆返回学校练球去了。不多久，他那班小同学一见他，都拱手让位，容国团成了打不败的台主。

如果说，文恩是容国团爱好乒乓球运动的启蒙老师，甄贤学校则是容国团登上乒坛的第一个阶梯，这个演兵场第一次让容国团感受到打败对手的快感和自豪，深知小小的银球蕴藏着无尽的魅力和希望。这使他锲而不舍地朝着"有志者事竟成"的目标努力。正如校歌唱道：

我甄贤兮

秀毓南屏

前贤遗训兮

谨守以循

教育乡村兮

史何光荣

甄陶后进兮

贤明是经

甄贤学生兮

相兴鹏程

 上下求索

★★★★★

1945 年 8 月 15 日，日本天皇裕仁向全国发表广播《终战诏书》，宣布接受《波茨坦公告》所规定的五项条件，无条件投降。消息传来，南屏乡的村民和师生兴高采烈，日夜狂欢，尽情庆祝抗战的胜利。

日本刚投降，在港英政府还未接管香港之前，广东抗日游击队东江纵队港九独立大队提前接收香港日军的部分军事物资财产，并留下部分人员，在香港仔、筲箕湾、长洲、大澳等地区进行革命活动，首要任务是建立教育基地，培养社会底层的学子，将来为建设新中国输送革命骨干。他们在这些地区办起劳工子弟学校和渔民子弟学校，派地下党到学校任教。这些"红色学校"，得到了郭沫若、夏衍、周而复、司马文森等一批知名文化人士的支持，给香港带来了新思想、新气象。

刚在甄贤学校读了两年课程的容国团，就跟随父母返回香港，转到香港湾仔轩尼诗道的一所由地下党办的知行学校读书。这所学校，有几位教员是过去与容勉之一起参加过省港大罢工和广州起义的革命同志。其中教务主任黎子云是共产党员，当过香港学联会副主席，早期同容国团的大舅公林文岳一起进入华侨运动讲习所学习，后来林文岳和黎子云分别被党组织派往越南、缅甸和马来西亚开展华侨救国运动。黎子云坐过几次牢，历尽艰险，回到香港后自感年老体衰，力不从心，便将希望寄托在年轻人身上，组织几个革命老同志一起办学校，专门招收工人子弟入学，灌输革命思想，培养一代新人。

然而，由于当时的环境非常特殊，教育大权掌握在港英教育司的手里，为了平衡各方面的势力，他们作了一些妥协，由一位名叫刘克平的国民党右翼分子出任校长。这样，便不可避免地产生一些摩擦，有时甚至是拍桌子摔凳子的争斗。曾参加过省港大罢工和广州起义的容勉之，此时尽管已不具体参加什么活动，但他还是支持他人搞革命活动，成为革命阵营中最基础的一分子。几位怀揣任务的老师，知道容勉之为人忠厚侠义，干脆就把容家当成一个联络点。这几位老师经常在晚上到容家开秘密会议，进行反蒋抗英的革命活动。有时在深夜将百余张传单沿街张贴："人民解放军是我们的子弟兵"、"我们要热爱祖国"、"爹亲娘亲不如共产党亲"等。第二天早上，街上满城风雨，引来大批警察进行戒严搜查。

这时，小小年纪的容国团已经大略明白大人们在干什么事，主动跑到楼下望风，提防"白华"（香港进步学生对国民党中统特务的鄙谓）的盯梢，听到楼上的人召唤，他又立刻蹦跳回来，为他们充当跑腿，到街上买纸烟、玉冰烧米酒和咸脆花生之类的东西回来宵夜。黎主任很喜欢这个听话而又懂事的孩子，每次到他家里，都会带来一些进步的报纸刊物给他阅读，有时还带许多花花绿绿的体育画册给他翻看，以开拓他的视野。黎主任用自己的亲身感受教育容国团，说："外国人一向都瞧不起中国人，他们认为中国是个次殖民地，还比不上殖民地国家。而香港是一个殖民地，英国人很欺负我们中国人，连印度籍'红头阿三'都可以随便打骂中国小贩。我们中国人虽然读书成绩很好，毕业出来工作的工资（他当时工资60港元），却比成绩较差的英国毕业生的工资低十倍，所以我就出来革命，参加大罢工，推翻这种不合理的制度。"他顿了顿又说："中国人受外国人欺负的原因是国家积弱，连体育都被外国人瞧不起，称'东亚病夫'。我看你的球打得蛮不错，要好好地练，将来为国争光。"黎主任接着又讲了被誉为"中国第一代球王"的香港人唐福祥的事迹。唐福祥在早年，以香港人的身份作为中国足球队第一任前卫兼队长，统率三军参加第一届至第四届远东运动会，连续三届蝉联冠军。他以此暗喻中国人不是窝囊废，将来也有能力取得世界冠军，这对容国团的成长影响很大。

在香港，殖民地的统治者实施的是愚民政策，宁让老百姓多一些时间搞体育活动，也不愿让老百姓们搞那些政治活动。在一段较长的时间里，港英政府剥夺香港爱国同胞自由集会的权利，缔令凡十个人以上聚集，属于非法集会。故此，香港的体育事业尽管水平仍然低下，但相对于国内，却有些畸形的发展。换言之，就是你到街上的报摊上便可看到大量的有关电影明星和体育明星的消遣性娱乐性书刊，至于那些有关世界潮流而催人更新观念的书籍则甚少。

知行学校有一位进步的音乐教师名叫李凌（后在香港创办一间音乐学院，聘请马思聪任名誉院长。中华人民共和国成立后，任中国中央乐团团长）。他是音乐理论家，对西方音乐颇有研究，常教学生唱《马赛曲》、《国际歌》等外国歌曲。容国团特别喜欢听他的音乐理论课，开始对西欧古典音乐产生浓厚的兴趣。容国团很崇拜贝多芬、肖邦、舒伯特、莫扎特等作曲家，他们创作的优美旋律常令他陶醉，而每位音乐家本人的坎坷经历和他们对音乐事业的执著精神，也令其感奋，开始产生不愿平淡过一生的念头。

容国团在知行学校读四年级的时候，爸爸突然失业。这是因为他在商会上班时经常看《大公报》、《华商报》、《经济导报》之类的进步报刊和发表一些比较激进的政治言论，商会的老板知道了，认为他是"左仔"（左翼分子），有"八字脚"（接近共产党）嫌疑，便派一名总务负责人约他到咖啡馆谈话。这人呷了一口咖啡，敲山震虎地说：

"容先生，香港是英国佬的地盘，不是'八字脚'的地头，你经常带这些不三不四的报纸到商会来看，会影响我们商会的形象，请你写一份检讨书，好好反省一下。"

"嘿，我打你们这份工，怎么连看报纸的自由权利都要受到限制呀！不行，你们如果这样压制，我只有唔捞（辞职）。"容勉之听了很不服气，硬邦邦地顶撞了一句。

结果老板觉得容勉之这种"危险"人物做他的秘书会惹政治麻烦，立即把他解雇了。容勉之失去了这份 500 元高薪的工作，全家的生活陷入了困境。事后他也感到后悔，觉得自己太鲁直，做这些事不会转弯儿，其实可以买进步的报纸带回家看嘛。而那位介绍容国团入知行学校读书的黎主任，也因为意气激昂，搞革命缺乏些政治艺术，常在《华商报》《经济导报》等进步报纸上发表抨击时政的言论，被港英政府视为"不良分子"而通令递解出境，再不能让容国团免费读书了。容国团只好转到一所师资水平较低的同济小学就读。

容勉之几经周折，通过大舅林文岳的介绍，找到一份"民生轮船公司"的工作，重操父业，专门行船，掌勺儿。而他的四弟容兆允也是行船的，在香港皇家军舰当船员，职位比他高得多了。这时，容勉之也从洋务工会会员转为海员工会会员。其间，由于学费负担太重，同时又不满意同济小学的教育质量，他临走船时，嘱咐文淑莲为阿团找一间好的学校。于是文淑莲找到她嫂子的一位当修女的姐姐，通过她认识一位天主教神父，并由神父介绍容国团到筲箕湾的慈幼学校读书。

神父在面试容国团时，觉得这个孩子聪明伶俐，诚实好学，有心培养他。容国团于是在 1948 年 2 月正式转入慈幼学校读五年级。

为了容国团近校读书，容勉之从原住的湾仔区一幢三层高的楼房，搬迁到筲箕湾浅水码头村的一处贫民窟。在山坳搭起一间面积 18 平方米、用黑胶纸盖顶的木屋，钉上一块 208 号的门牌。屋内分隔成一厅一房，摆放着一个衣柜、一张油漆剥落的书桌、几把旧木椅和一张叠架床，非常简陋。容国团平时睡上铺，爸妈睡下铺。屋子十分低矮潮湿，活像个"白鸽巢"，风雨飘摇。由于住在劳苦大众就居的木屋区，卫生环境极差，经常有火灾发生，他们还时刻受到"无牙老虎"的威胁。

容勉之出海行船常常一去就是十天半个月，甚少回家。容国团全由妈妈照顾，文淑莲将全部精力和心血都倾注在儿子身上。那时，她因为营养不良，居住条件差，积劳成疾，染上了肺结核。她骨瘦如柴，身体非常虚弱。可她宁肯节衣缩食，也尽量加强容国团的营养，增强他的体质，她常做家乡一种名叫"松糕仔"的面食，给容国团带着上学填肚子。

慈幼学校是一所天主教办的学校，容国团受父亲的影响，也是一个无神论者，他不相信宗教，更不相信耶稣基督能为劳苦大众救赎苦难。他认为人的命运不是由上帝来主宰，而是人本身的思想行为使然。所以，他对校内每星期举行一次的祈祷、礼拜等一切宗教活动不感兴趣，常常借机逃脱，成为令学校老师头痛的"忤逆学生"。有一次，容国团被神父抓到教堂，要他向祭台上的被钉在十字架上的耶和华圣心像前祈祷赎罪。进入高旷的圣约瑟堂，格外肃穆宁静，圆顶出尖的钟楼里不断传来阵阵的钟声，叩人心扉。为了求学，容国团也无奈地双手合拢，画十字，诵《福音》。

慈幼学校毕竟有教会撑持，财大气粗，周围的环境优美而宽广，尤为难得的是各种体育设备一应俱全，设有乒乓球室、足球场、篮球场等，文化教育也比一般商业化的私立学校高出一筹，学校的教职员都是香港教育司所定甲级资格的。容国团来到这所学校读书，如鱼得水，学习突飞猛进，各科成绩优秀，尤其学校每届举办的书法比赛，他都名列前茅，受到老师们的嘉奖。他对体育运动的兴趣也日益浓厚，常作为学校乒乓球代表和足球代表参加校际比赛，获得多面锦旗。校长对容国团十分器重，认为他球艺出名，会给学校带来好处，今后会招引更多的学生投考慈幼学校。因此，容国团又被视为学校的"台柱"。

正是："路漫漫其修远兮，吾将上下而求索。"

崭露头角的雏鹰

东区"小霸王"

★★★★★

这时期，容勉之经常失业，贫病交加，正处在求知欲最旺年龄段的容国团只读了七年书，便离开学校，闯荡街头。容国团常常一个人来到筲箕湾东区西湾河市场，帮市场摆卖摊档的阿叔、阿姨们搬菜、搬猪肉、拣鱼、挑水、打扫档口垃圾及帮人买烟跑腿打杂，每天赚几角钱帮补家用。他肚子里常唱空城计，但舍不得随便花掉兜里的零花钱。他看见熟食档烧烤的美味牛肉串、鸡翅和卤水牛杂，听到高声叫卖的牛奶雪糕，只舔舔嘴唇，就走了回去，把钱交到母亲的手里，又去帮家里挑水煮饭。他们家的伙食很差，每天吃的都是从市场里买来的烂鱼仔、破菜瓣，营养严重缺乏，使得容国团这个正处在身体发育时期的少年，就好像一棵旱苗，瘦骨嶙峋。

在暑热的日子里，容国团耐不住家里那间蒸笼一般的小木屋，每当吃罢晚饭，他穿着一条牛头短裤和一件白背心，背后插一把脱了沿边的蒲葵扇，拖着脆响的木屐，穿街过巷，来到市场的卫生间，扭开水龙头，"哗啦哗啦"地免费洗个澡，然后又去把猪肉台洗干净，拿卷席往上一铺，便露宿在街头。他跷起二郎腿，双手后枕，仰望着天上的星星和月亮，充满着许多美丽的幻想，他梦想到自己将来会成为香港球星，会受到世人的尊重。但容国团这种"享受"常常受到滋扰，经常会有一个印度籍巡警，踩着"曜曜"响的大头钉皮鞋走过来，挥动警棍驱赶这个流浪儿。容国团远远见到这个幽灵似的全身黑皮肤的"摩啰差"，一骨碌翻下身，快手卷起铺席，逃得无影无踪，在他离开的身后却留下了一串串响亮的哨声。所谓："大头绿衣，拉人唔（不）到吹啤啤（口哨）。"

生活的重担，似乎要把这孩子压垮。然而，他却像山涧小溪，在深沟暗壑中不声不响地积蓄着能量，一旦溢出地面，便勇往直前，飞溅生命的浪花。

在东区街道，容国团结识了一帮小朋友，他们大多数都是因为家庭经济困难而没书读的穷孩子。其中他与戴树荣、陈赐球几个小伙伴特别要好。小小年纪的容国团，这时充分显露了他的领导才能。他把大伙团结起来，形成一个无形的团体，使这帮小伙伴成为一支没有番号没有旗帜的运动队。容国团在这群孩子当中年龄最大，球艺最好，成了他们的小头目，大家都唯他马首是瞻。他在前边走，后面跟着一拨的"小喽啰"，成了当时街口的一道风景线。他们通常走的地方，是湾仔修顿球场和海边。在没有大型活动和比赛的时候，容国团和他的伙伴们就会像猴子一般地躲过守卫的目光，攀越围墙到球场中间的空地"溜马"，尽情嬉戏。有一次，一个小伙伴从草丛里捡到一只有些破旧的皮球，交到容国团手里，容国团求街上的补鞋师傅用胶水和针线缝好，又重新充气，从此，这只皮球就成了孩子们追逐的宝贝，正儿八经地模拟大人踢起足球赛来。容国团时任前锋，时任守门员，带球和射球的技术都十分了得，可他太爱盘球了。这么一大队孩子在球场上角逐，球场的几个守卫就是大近视眼看不见，也能听得见，但他们都容忍了。就让这群形同叫花子而最终没有成为叫花子的孩童的日子过得快活些吧。筲箕湾浅水码头则是孩子们游泳的地方。到海边时，已经是斜阳冉冉，阳光照耀着海面，海水闪着诱人入浴的光波。容国团能游一千多米远，他擅长蛙泳和仰泳，他同伙伴一起脱光了衣服，扑通扑通地跳下海里去，他游了几转，然后回头洗他的脏衣服，洗完晾晒在堤坝的石板上，又游出去。清澈的海水，洗净了他心中的烦恼。

西湾河市场有十多张长方形猪肉台，每当下午4点多钟市场收市之后，容国团又领着孩子们到市场打乒乓球。他们把猪肉台当做球桌，台面中间横放一排砖头权当球网，分成几对就练了起来。刚刚沉寂下来的市场又被孩子们的乒乓球声弄得热闹起来了。

这支奇形怪状的"游击队"在经历了近半年的"漂移"之后，整体水平有了较大的提高，尤其是容国团球艺有了进一步的长进，他们终于为有心人所注意。一个姓李的在殖民地政府任职的热心人士，主动出面为这班好动的街童搭桥铺路，为他们报名参加各种由政府促成的民间组织的比赛。他们开始只是尝试性质，后来有了些成绩，便形成套路。容国团这帮散兵游勇，也从被动化为主动，成为街坊中一支不可小觑的少年运动队。容国团个人由于自身的优势和出色的表现，常领队出征东环、西环等地区比赛，每战必胜，常常个人独拿三分，被誉为东区"小霸王"。香港体育报媒体也多次报道他的战绩，说他打乒乓球了得云云。后来容勉之回忆说："小时候的容国团，对打乒乓球特别有一种天分。从外表看，他瘦瘦的。看不出他打起球来会咁劲秋（很棒）。"

充满斗志的容国团，在降临人世间后短短的十三个春秋里，终于可以平静而且勇敢地踏上人生之旅，且面对残酷命运。即使在这期间不止一次痛苦而绝望地哭泣，不止一次差点走向人生危险的边缘，但他毕竟挺过来了，最终忍受和经历了他生命中几次沧海桑田的转折。虽然他并不知道，接下来等待他的是什么，他还有多少摸爬滚打的日子，还会有什么灾难或者不幸再度降临在他的身上，但是，有一点他是知道并且能肯定的：他从此不再是心存幻想、天真纯情的少年，从此能够承认并且面对种种现实，从此学会并且已经开始逐渐深沉、成熟起来……

渔行里的童工

★★★★★

容国团在东区打球出了名之后，开始被体育界人士所注意。西湾河市场附近一间"买手部"（即海鲜批发部）的老板，对容国团的球艺很赏识，他觉得吸收东区这几个打乒乓球的好手加入东买俱乐部，可为东买扬名。于是提出聘请容国团、戴树荣和陈赐球他们做工和打球。

"你们到我渔行里打工吧，我这里有球打，有工资领。"

容国团听到有工做，还有球打，心里很高兴，觉得自己已长大了，能够自食其力了，从此不用爸妈养了。他点头说："多谢老板的关照。"

就这样，他和伙伴加盟东买俱乐部，组建一支东买乒乓球队。香港是商业社会，讲"心"，更讲"金"。类似今天中国大陆某些冠以某企业名号的某某俱乐部和某某足球队，在二十世纪四五十年代的香港已大行其道。容国团先是童工，然后才是运动员，并不因为球技了得便可免去日常粗重的工作。通常，容国团白天工作，晚上练球。他常常打累了，就睡在球桌上，第二天一早就接着上班。

1953 年 8 月，容国团正式参加香港乒乓球男子单打公开赛。翌年加入香港华雄体育会，并在这一年，他和队友一起参加香港初级组比赛，为东买队夺得团体赛亚军。但是食人而肥的渔行老板并没有因为容国团为他的渔行赢得荣耀而恩宠他、造就环境培养他，反而觉得是自己给了容国团机会，使这个几乎沦为街童的小子有工做、有饭吃、有球打、有奖状拿，是大大抬举容国团了。

这个只晓得疼钱不晓得疼人的渔行老板，把容国团安排在球队领队李成开设的香岛号渔行拍卖场做工，但凡抄写、出纳、搬鱼以至东家私事无一不做，但容国团收入异常微薄，每月工资只得 60 元港币。渔场的工作很不正常，工作大多集中在上午。他每天早晨 5 点钟起床光着脚板跑到渔埠，等靠岸的渔船收购鱼货，帮忙搬鱼拣鱼、跑腿打杂，忙得气都喘不过来。他初时领会不到渔商贩子叫的"支、辰、古、元、让、子、装、除、丈"之类数字代号的暗语，一记错账目，就受到老板的大声训斥："你这个笨蛋，简直是一个倒米星，再这样，我就把你像抛鱼一样丢到大海！"容国团为了谋生，只好瞪着眼，忍气吞声。他开始利用晚上业余时间到华商会计夜校，争

△ 容国团16岁开始参加香港乒乓球公开赛

分夺秒地学习簿记和会计，同时又坚持每天练球。他在自传中写道：由于工作很多，"睡眠时间就很少，精神和体力常常感到不支，影响到身体健康和正常发育，但为了解决生活问题，不得不干下去。"为解愁闷，他常常哼着一首美国进步黑人歌唱家保罗·罗伯逊演唱的《老人河》歌曲：

黑人劳动在密西西比河上，黑人劳动白人来享乐，黑人工作到死不得休息，从早推船直到太阳落。白人工头多凶恶，切莫乱动招灾祸，弯下腰低下头，我拉起纤绳把船拖，让我快快离开白人工头，快快离开密西西比河……

容国团干渔行这一行，真是个"汗珠落地摔八瓣，豁出四两半斤"。他曾在一次足球比赛时，被对手大脚射来的球伤及腰部，未经医治，又加上繁重的体力劳动和沉重的经济负担，不久又像母亲一样身体非常孱弱，为日后染上痨病埋下了祸根。他就这样地痛苦疲倦，既害怕死亡，又厌倦生活。

东买俱乐部的会员大多数是纨绔子弟，容国团生活在这个地力，木免泥沙俱卜，鱼龙混杂。常言道："与恶人交如入鲍鱼之肆，久而不闻其臭。"他们那些腐化的生活方式给容国团的思想意识带来了潜移默化的影响。容国团为排遣忧愁，寻求精神上的刺激，经常以打球、下棋、玩扑克等形式作为赌博。那时，俱乐部为鼓励运动员打球出成绩，多用金钱和特殊化来刺激运动员的积极性。他们常常为一件漂亮的球衣，或一顿丰富的晚餐而拼搏，甚至为做一件小事情或打一次比赛，讲报酬，讨价还价。特殊化的待遇，使得有点成绩的运动员居功自傲，缺乏相濡以沫的精神。容国团也开始滋长骄傲的情绪，觉得渔行老板对他不公平。

正在这个时候，容国团在一次香港工联会举办的乒乓球友谊赛中，认识了工联康乐馆的管理员余骏明，彼此过从甚密，并且通过他结交了一些思想进步的工人。"挨金似金，挨玉似玉"，容国团常到这里和工人叔叔一起唱歌、跳舞、打球，渐渐融入这个群体，改变了一些陋习。

1955年10月1日，香港工联会为庆祝中华人民共和国成立六周年，在湾仔修顿球场举办了一次乒乓球表演赛。球赛的通告贴出后，附近一百多个行业的工会会员都纷纷前来购票观看，非常热闹，连香港高级杯乒乓球总决赛都不曾有过这么盛大的场面。这天，容国团积极报名参赛，他与戴树荣打表演赛。他们一出场，观众就大声喊着他"小霸王"的绰号。容国团打直拍，戴树荣打横拍，一个狠抽，一个死挡，小小银球在两块旋风般飞舞的球拍中织成一道绚丽多彩的光网，响起了一阵阵劈里啪啦的球声。在座的观众不时为他们的精彩表演报以热烈的掌声和喝彩声。

表演结束后，容国团心情格外高兴，他手提网兜，一路哼着国歌返回渔行。他刚进门就撞见了老板。只见他脸红脖子粗，像吃了火药似的冲着容国团大发雷霆："你今天参加'八字脚'的工会打球有政治问题，快写'悔改书'，保证以后不再参加这类活动，不然就炒你鱿鱼（解雇）。"容国团平时对老板的呼呼喝喝就十分不满，现在又冷不防被老板颐指气使地训斥一顿，感到义愤不平，一跺脚反驳说："我是在这里打工，并没有卖身给你呀。为什么要我写悔改书，爱国无罪，人头落地也不写！"说完，他一嘟嘴，转身离开了渔行。

容国团回到自己破旧的木屋，斜躺在床上，憋着一肚子闷气，他很想对父亲说"不干了"，但话到嘴边又咽下肚里。容勉之看见容国团咬着嘴唇，沉默不语，两只眼睛红红的，便问："阿团，今天碰到了什么不愉快的事呀，怎么一点神气也没有？"容国团怕说了和老板吵翻的事会伤透父亲的心，轻叹一口气说："爸，你不要问了，我没什么。"容勉之仍继续追问，容国团见瞒不过父亲，就把事情的原委吐露了出来。容勉之听后，心情十分激动，他觉得儿子做人很有骨气，鼓励说："怕什么，你做得对，人穷志不穷，辞掉这份工吧。"容国团听父亲这样说，霍地站起来，顿时来了精神。他没想到父亲不但没有提出生活问题的忧虑，反而支持他的正义行动。

就这样，容国团决心不为五斗米折腰，跟随父亲来到东买提出辞职，并取回行李。临离开香岛号时，容国团理直气壮地对老板说："我不就是为国庆打了几场球么，有什么大不了的。今后你管不了我了，我有我的自由。"这个渔行老板被气得脸都发青了，鼓起两个腮帮子，无言以对。当时，东买大多数队友都支持、同情容国团，指责东买老板采用强压手段，造成最优秀的球员离开东买球队的举措很失策，都舍不得容国团离开。事后，渔行老板也后悔了，感到少了容国团这根台柱，今后的球会将撑不下去。便跑到容家，表示道歉，提出给容国团加薪，请他回来俱乐部打球。容国团见渔行老板一张人脸一张狗脸，回绝说："给多少钱也不去，我人穷志不穷！"渔行老板见讨了个没趣，灰溜溜地走了。

其实，容国团早就想逃离这个肮脏的地方了：渔行老板既要从他身上沽名钓誉，又要剥削他的劳动成果，最不能容忍的是他以"恩人"自居。离开渔行，容国团感到一阵莫名的轻松。在后来的自传中，他是这样剖析这次行动的："这次离职才使我认识到资本家那种蛮横无理、压迫工人之真面目。我并没有由于丢了工作而感到惋惜。说实在的，那时候我已经看不惯那些只有几个铜臭，靠着剥削和放高利贷发财致富的老板骑在工人头上作威作福的现象，心理早怀去志，只是找不到出路，在此暂作栖身而已。"

康乐馆的练球生涯

★★★★★

这些年来，海员工会也听闻容勉之家庭有困难，时常送些米、土产品等接济他家，以解决一时的困顿。可是工会的领导却一直不知道容国团为工人打表演赛而被老板责难的事。有一次，香港一个代表团参加广州国庆节庆祝活动，有一个叫吴天亮的人对工联会的理事长陈耀才反映说："你知道吗? 筲箕湾那个'小霸王'，去年国庆在修顿球场表演之后，与东买老板闹翻了，老板要他写'悔改书'，他不写，后来便脱离东买了，现在他家庭生活很困难。"

"有这种事? 我们怎么不知道呀。"陈耀才惊讶地说。于是他吩咐吴天亮回港后通知容国团去工联会一趟。

吴天亮来到筲箕湾一间"南萌茶楼"，找到常在这里饮早茶的容勉之，把一张名片递给他说："容伯，理事长叫容国团到工联会找办事人员联系工作。"容勉之听到这个消息，不胜感激，紧握吴天亮的手说：

"多谢你们的关照。"这样，容国团便被安排到香港港九工人联合会下属的联益土特产公司当营业部职员。

这时期，香港乒乓球总会举办过一次中级杯乒乓球锦标赛。容国团和戴树荣几人代表工联队参加比赛，取得了团体亚军。到球场观战的工联会领导觉得容国团的确是个人才，很有拼搏精神，但可能是白天需要工作，晚上又要当教练的缘故，而没有更好地发挥水平。为了培养容国团成为优秀的乒乓球运动员，工联会几个领导决定把容国团从公司抽调出来，专门在康乐馆练球，工资160港元照发，而且另给50港元作为出外练球的"车马费"。

康乐馆在湾仔修顿球场附近的一幢旧楼上，面积仅110多平方米。内设一小房间作为图书室，另一小房间为娱乐室，放着一张康乐棋桌和象棋、扑克之类的玩意。余下有一间较大的房，放着一张乒乓球桌，这

△ 1956年，容国团在香港"港九工会联合会"的俱乐部专门练球，并经常代表工人团体回内地访问比赛，图为容国团回内地时留影

就是容国团的小天地了。

　　容国团有一个球艺很好的朋友名叫邓鸿坡，他住在九龙弥敦道，同是低下阶层，他们两人过去神交已久，在球场相逢，更如兄弟。为了切磋球艺，容国团每星期抽空两三个晚上，从筲箕湾搭船过渡到弥敦道的一间窄小的球室，与九龙区赶来的邓鸿坡一起练球。他们每次练球大都在四个小时左右，总是在球馆的管理员要熄灯时，才恋恋不舍地离去。两易寒暑，苦练绝技。就这样，容国团创造出一种异于一般人的推挡绝技。如日本选手的推挡是作为被攻击时的防守工具，或是攻球前的过渡手段，而他的推挡，却是克敌制胜的拿手本领。他在推挡时，或乘势向前，或适可而止，有时接触球的刹那间，球拍与台面的角度，也在这电火石击的一瞬中，或仰或俯，变化多端，推挡出来的球，或柔或刚，几乎低到掠网而过，落点得心应手，左右

◁ 1957年秋，容国团应贺龙的邀请，回广州体育学院工作、生活。图为容国团在广州二沙岛体育馆留影

远近，要到哪里就落在哪里，拿捏十分到位。他在推挡之中，还能对付打来的旋转加转或减转的球。尤以右方斜线推挡对直拍球手威胁最大。

容国团除了练球之外，还不时做辅助运动，他每天早晨起床后的第一门功课就是跳绳、踢毽和做柔软体操，使得身手灵活，腰力好，弹力足。经过一段时间的系统训练，容国团的球技又上了一个台阶，也就是四个法门——发球、接发球、左推、右挡。

这时期，容国团在九龙区认识了公民健身院的一个姓廖的理事和一个与广东省体育委员会有联系的体育教师陈兆禄。经两个人商量，决定组织一支公民乒乓球队，由容国团物色人选。容国团于是找到了邓鸿坡、余润兴、吴国海、钟恩荣四人组队。每晚都在公民健身会球室孜孜不倦地练球，练得疲倦了，便由朋友王广成带他们到附近的大排档吃"煲仔粥"夜宵和聊天。

公民队里，容国团和邓鸿坡的球艺较高，是主力队员。他们为了备战即将举行的香港乒乓球锦标赛，厉兵秣马，加紧练习，把主要精力全部放在钻研反攻的技术上，完全采取日本世界冠军田中利明和荻村伊智郎唯攻主义的"搏杀格"。容国团鼓励邓鸿坡说："攻打抽杀一定要有信心，绝不犹豫。比赛时，无论对手是否占上风，也绝不长他人志气，灭自己威风。"他既勉励别人，自己也不怠慢，所谓"如今双剑合璧冲天飞"是也。

英雄出少年

★★★★★

　　1957 年初春，香港一年一度的乒乓球埠际赛的战幕拉开了，各队精英云集香江，战云密布。其中南华队、后警队、中升队、金银贸易队实力最强。每个队里都有一两个乒乓球好手。特别是南华队技冠群雄，主将薛绪初和刘锡晃曾先后是亚洲盟主，经验丰富，球艺精湛，夺标呼声很高，球迷们也都认为他们这届一定稳操胜券。

　　容国团代表公民队参加了这次激烈的角逐。公民队作为一支年轻的球队，开始并不为人注重，直至异军突起，一路过关斩将，摧垒拔旗，直捣黄龙，并取得决赛权，准备与南华队决一雌雄时，大家才如梦初醒，纷纷打探公民队的来龙去脉。不过，大多数人还是认为，公民队的主力队员容国团打球虽好，但缺乏大赛经验，球技似乎也略逊一筹，卖鱼佬洗身（洗澡）——冇腥（没声）气。而南华队主将宝刀未老，气势逼人，当会占上风。

　　倒是南华队的几员主将见容国团和邓鸿坡这两位年轻猛将初生牛犊不畏虎，所向披靡，感到后生可畏，生怕万一自己有一个什么闪失，"老猫烧须"，到时真是吊丧甩裤——失礼死人。为了保住名誉地位，他们通过香港乒乓球总会暗中密谋，准备叫公民队拱手让出这届香港冠军。一天，有一个人找容国团到茶楼谈话。

"阿团，你这届比赛打得不错啊。"

"过奖了。"容国团感到来者不善。

果然，这个人口里摆菜碟儿："唉，阿团，你还年轻，将来还有大把世界捞，求你高抬贵手，让出这届冠军给我，使我荣膺挂拍，这样好吗？"这个人说着从皮包里拿出一沓西洋纸，推到容国团面前，"这点小意思，是作为你的补偿，请笑纳。"

"嘘——傻嘅（岂有此理）！"容国团鼓嘟着嘴，把这沓钱又推了回去。这个人见讨了个没趣，收回钱，灰溜溜地走了。

容国团回到家里，将香港乒乓球总会要他打假球让出冠军的事告诉了父亲。容勉之听罢，激动地说："阿团，你几年来在高级赛中都没能打入四强，现在你球技已更上一层楼了，当然没必要让人。"容国团有些担心地问："如果这次我不顺从他们，得罪了乒总，以后岂不是不能参加国际比赛？"

"怕什么，香港无立足之地，可以回祖国效力嘛，再说，乒总里的人也不至于那样蛮横无理吧。"

"他们就是蛮横无理，乒总有人放出声气，说谁赢了我，大家便'放水'给这人当冠军。"

"这样呀，那就跟他们拼了！"

容国团点点头，拿着网兜回到队里，鼓励大家说："我们不要管他们，一定要打败南华队！"结果他们同心合力，为公民队赢得团体冠军。接着，容国团和邓鸿坡合作，又以3∶1的分数击败薛绪初和刘锡晃，取得男子双打冠军。容国团摘下两个桂冠之后，一鼓作气，又以一个3∶2打败薛绪初，终于登上男子单打冠军的宝座。当时薛绪初见大势已去，不禁黯然神伤，竟在第三场弃权，赌气擅自离场，结果赛会只好裁定邓鸿坡获亚军，薛绪初获季军，刘锡晃获殿军。

就这样，容国团为公民队一举夺得了三项锦标，打破了香港乒坛史上的纪录。顿时，他声名鹊起，受到很多香港球迷的欢迎。凡是有他出场表演，几乎全场满座。太古洋行俱乐部、东方戏院俱乐部和香港青年体育会等都争相请他当教练。

可是，身处香港这个品流复杂的社会，"木秀于林，风必摧之"。容国团这个生活在社会最底层的穷孩子，一跃而跻身社会名流之列，立刻便招致了一些贵族的嫉妒，尤其他这几年经常组织球队回中国内地比赛，影响颇大，早已令乒总一些有特殊背景的人十分不满，他们恨不得把这株生长在崖缝石隙的小苗掐断。

4月下旬，如日中天的日本乒乓球队趁夺得第

△ 1957年1月下旬，容国团代表公民队参加香港埠际乒乓球锦标赛，一举夺得男子团体、双打、单打三项冠军。图为容国团（右一）和队友邓鸿坡（左一）余润兴（中）在颁奖台上

二十四届世界乒乓球锦标赛四项锦标的声威，到香港访问比赛。一些存心不良的人就想借此机会打击容国团。

第一天晚上，一些"五星上将"上场全军覆没之后，乒总会就立即把原定"史屈灵"杯和"哥比伦"杯的男女团体赛改为由容国团、邓鸿坡、钟展成等七人的单打对抗赛，并且不派实力最强的对手出战。这种笨拙的阵式，引起了报界的抨击和观众的不满。容国团也向赛会提出强烈的抗议。但是，乒总一些别有用心的人却在排阵上首赛要容国团对付曾获得两届世界男子单打冠军、近届亚军的日本选手荻村伊智郎。这是明摆着想借倭人的利刀来煞掉容国团的锐气，从而打击工联会。容国团知道他们居心叵测。尽管体育崇尚奥林匹克精神，大家完全应该抛弃种族的成见，以各自的实力参赛，但容国团天生对日本人有一种对抗心理。容国团一见到日本人，就会想起祖父受日本工头的欺压，二舅父被日军枪杀的往事，因而他对乒总会一些洋奴的嘴脸感到非常愤懑。他咬紧牙关，决心豁出去拼了！

24日傍晚，华灯初上，细雨霏霏。香港伊丽莎白青年体育馆门前，球迷熙熙攘攘，未及8时，球场已坐满观众，一些买不到坐票的球迷只好站在甬道观看，欲一睹香港冠军和世界冠军的较量。这天晚上，容勉之也怀着忐忑不安的心情，早早坐在看台观战，他很担心会出现儿子被人喝倒彩的场面。

"阿团，当心啊！"

"我是缸瓦，他是瓷器，我不怕！"

听了儿子的话，容勉之感到很惊奇：17岁的孩子能有这般见地，有出息!

过了一会儿，容国团和荻村伊智郎出场了。全场鸦雀无声，观众们的心情都极端复杂，希望目睹的不是一场"老鹰抓小鸡"的残酷比赛，容国团只要不输得太惨，不把比分拉得过于悬殊就行了。荻村伊智郎是世界第一流好手，能攻善守，步法敏捷，攻势狠辣，发球花样多，有"智多星"的称誉。而容国团尽管是香港冠军，但香港只是个小地方，在强手如林的世界乒坛，还远远轮不上号。关键是不要一开局就让人压着打，不要一副烂泥扶不上墙的样子，否则就让观众笑话了。

果然，荻村伊智郎恃着打遍天下无敌手的傲气，把身形瘦削的容国团并不放在眼里，认为不过是小菜一碟。容国团握着两个星期前改用的"三文治"海绵球拍，倒是十分镇定，他心想：瓷器碰缸瓦，大不了双方粉身碎骨，我还占了便宜哩。

比赛开始，双方一阵猛烈对攻，打得难分难解。荻村伊智郎掂出分量之后，便施以发球抢攻的"杀手锏"。容国团发现对方反手发球既有旋的也有不旋的，更有急速的，而且长短不同，甚至角度也很刁钻；于是他以迅速推挡打在对方较弱的左方或中路，迫使他平托回来，然后闪身用正板快攻，屡屡奏效。荻村伊智郎从未遇到过这么厉害的推挡，像被一下子点中了死穴似的，结果竟以19：21输了第一局。

这时，坐在主席台上的代表议论纷纷：有的说是荻村伊智郎故意让的，为的是给香港人一些面子，赚点口碑；有的说荻村伊智郎主要是一开始不熟悉容国团的打法，轻敌失手，容国团是"盲拳打死老师傅"。

人们带着偏颇的心理，不相信容国团下一局能再次取胜。荻村伊智郎果然不愧为"智多星"，他见硬攻于己不利，第二局便改用软硬兼施。谁知容国团也是个"多面手"，"道高一尺，魔高一丈"，他干脆同荻村伊智郎打搓攻。容国团发现荻村伊智郎虽然攻球凌厉，但是反手板显然不大高明，便搓球到对方的左角，伺机反手扣杀，打得丝丝入扣，渐渐占了上风，摧枯拉朽般地竟以 21：13 的较大比分击溃了世界冠军! 霎时间，举座皆惊，掌声和欢呼声一时轰响。一些球迷抑制不住冲入球场，拥抱着容国团，并把他抬举抛向空中，感激他为中国人争回一点面子。队友们也前来和容国团握手，祝贺他首战告捷。而那些崇拜洋鬼子，等看笑话的人个个目瞪口呆，一时都被弄糊涂了。比赛后，容国团回到更衣室，里面冷冷清清，没有记者前来采访，只有他和球友张五常两人。他望着天花板，默默不语。还是张五常打开话匣："阿团，你的反手推球越来越快了，今晚能打败荻村伊智郎，应该有资格向世界冠军之位打主意吧。"容国团冷静回答："尚有此意，不过今晚我胜来幸运，不要忘记，在第一局战到 19 平时，荻村伊智郎发球出界，不然胜数难料。"

此后不久，美国乒乓球冠军迈尔斯来港访问，港方打算安排他与容国团进行比赛。临出场时，迈尔斯听闻容国团刚刚打败日本荻村伊智郎，锐气正旺，害怕自己会当众出丑，便以泻肚为由，取消了这场比赛。

容国团打败了荻村伊智郎，好像退潮后的礁石，格外引人注目。消息一夜间传遍了香江，妇孺皆知，他成为了新闻人物。明星骤起，谁也遮挡不住他的光辉。日本乒乓球队教练宫田自我下台阶说："荻村伊智郎的失败是因为他近来赛事太多，疲倦不堪，所以没打出水准。如果让他休息一两个星期是可以获胜的。"而荻村伊智郎也很不服气地说："此仗败于这名无名小卒，原因是那天午后，突然接到东京拍来的 83 岁祖父过世噩耗的电报，情绪不好所致。"当地的传媒则客观地评论说："容国团的演出可说是纯以技术压倒对方，不愧为本港的单打冠军。"

后来许多记者纷纷前来采访容国团，但容国团显得有些害羞，他谦逊地对记者说："打赢荻村伊智郎，我自己也颇觉意外，可能并非是我打得特别好，而是他当时不知怎的大失水准，才让我捡了个便宜。"

在一片赞誉声中，容国团没有飘飘然，反而盛赞对手："荻村伊智郎的技术纯熟，步法灵活，以及反手抽球凌厉，这些我都不及他，有机会我还要拜他为师。"他认为，与荻村伊智郎比赛，目的是希望在这场球赛中有机会进行交流，吸取对方的长处。他发现荻村伊智郎除了步法好，攻球凶狠之外，发球也有绝招，能发出上、中、下旋转球，而且在发这些花巧式的球时，能梅花间竹般地运用，尽管手法明显不同，却令人难以捉摸。如果能用表面相似的手法打出不同旋转的球，威力不更大了吗？有道是：能人示之不能，用人示之不用。要超越前人，必须有所创造。

容国团独辟蹊径，经过苦心钻研，终于成功地发明出一种旋而不旋的发球技术，即有时是强烈的下旋，有时又是不大旋转。一般是先发转的再发不转的来扰乱对方的心理和位置，在使用时互相交替，并扩大战果，把这一套融会贯通，运用到搓球之中，取得了奇效。他这种转而不转的技术和概念，后来不仅对中国乒乓球技术、战术、艺术的发展起到了很大的推动作用，而且也对世界乒乓球运动的发展作出了重要的贡献，这也是他三年后在第二十五届世界乒乓球锦标赛中获得男子单打冠军的有力武器。

冲击轨道的星

志大者言大

★★★★★

正在这个时候，国家体委主任贺龙慧眼识英雄，于1957年10月下旬，向身体患有肺结核病的容国团发出邀请函，请他回国效力。容国团看到贺龙元帅这封邀请信，心情十分激动，决心报效祖国。11月1日下午，19岁的容国团背着简单的行装，告别了相依为命的双亲和街坊球友，在工联会工作人员的陪同下，迈步走过深圳罗湖桥，像一只冲出樊笼的雏鹰，向祖国蔚蓝的天空展翅翱翔。容国团在跨过罗湖桥的第一天，很激动地在日记中写道："这是我走向新生活的第一天，当我踏入广州体育学院所在地时，早已相识的乒乓球运动员纷纷向我握手问好，表示热烈的欢迎。这时候，我心里充满了幸福感。很久以前，我就想成为他们当中的一个，现在终于如愿以偿。1957年11月1日夜。"容国团来到广州体院，受到领导、教练和队友的关怀，感到这个社会大家庭的温暖。他一边治病，一边刻苦练球，决心以优异成绩，回报祖国。

1957年11月13日《人民日报》发表社论："有些人害了右倾保守的毛病，像蜗牛一样爬行得很慢……"毛泽东主席认为，中国这个经济落后的社会主义大国，要赶上发达的资本主义国家，必须有所"创造"，多快好省地建设社会主义。从此，揭开了"大跃进"的序幕。在"大跃进"的背景之下，"一天等于二十年"、"共产主义的到来已不是遥远的事情了"，这些话当时给人们以"激动不已"的力量。

正当全国掀起大干快上的社会主义建设热潮，党中央向全国人民发出"解放思想，破除迷信"的口号之际，国家体委召开了全国体育工作会议，讨论体育运动十年发展纲要和1958年工作计划，提出"争取十年左右，在主要运动项目上，赶上世界水平"，要求各地区开展体育事业的"大跃进"。贺龙副总理首先向体育界提出："'东亚病夫'的帽子一定要摘掉。""解放了的中国人民，要有争取胜利，破世界纪录的雄心和气魄，不要跟在人家屁股后面跑。"接着，刘少奇主席代表党中央在中共八大二次会议上作工作报告时指出："提倡体育，移风易俗，振奋民族精神。"在"敢想、敢说、敢做、敢独创"的口号下，一批体育健儿奋起响应。

诚然，一个抱有雄才大略的人，应当具有这样"不怕困难，敢为天下先"的精神和气质。但问题在于任

▷ 1956年秋，容国团在香港"港九工会联合会"的俱乐部专门练球，并经常代表工人团体回内地访问比赛，图为容国团回内地时留影

何人都要受客观规律的约束，不可超越客观规律胡思乱想，正如恩格斯所说："任何一个人都受三种限制，即时代的局限，自己已有的经验、知识水平以及思维能力；否则就是西谚所说的，'伟大与可笑只相差一步'。"

当时，广州体育学院一片沸沸扬扬，大家都来订个人计划指标。乒乓球队的运动员有的提出要争取进入世界强手前八名，有的则提出要取得全国比赛前三名，但也有一些人对这个事情采取审慎态度，认为凭中国运动员目前的状况，离夺取世界冠军还有一大段距离，而且一直以来争夺世界冠军是外国人的事，与中国没有缘分。甚至有人断言说："出了世界冠军杀我的头。"容国团听了这些人的言论，感到很不是滋味，心想：外国人能当世界冠军，中国人为什么就不行？！在香港那么恶劣的条件下，自己尚且能打败荻村伊智郎，现在条件这么好，反而无所作为吗？他觉得人应该有自信心，有鸿鹄之志，为国争光，此其时也，不能虚度光阴，荒度时日。于是，他在自己的日记簿里郑重写上"人生能有几次搏"的格言。

开始他想暗下决心就行了，但当看见绝大多数人被世界冠军的迷雾笼罩着，不敢去攀登世界最高峰，心里就憋不住了。他决心要公开表明态度，与队友们共勉。经过几个昼夜的思考，他最后鼓起勇气，向乒乓球队提交了一份个人跃进计划。

这天晚上，更深人静，夜凉如水，然而容国团这个胸怀大志的香港青年却是热血沸腾。他登上教练宿舍二楼，把写好的"容国团个人奋斗"的计划指标交给冯国浩指导，请求他批阅。冯国浩看后不禁为之震动，这字里行间，没有什么华丽的词藻，也没有哲学家的玄理妙义，有的是那朴实的语言和秀丽的字迹："我是中国人，应为中国人争光，我虽然现在不是共产党员，但我要以共产党员的标准要求自己。我要争取在一年内夺得世界乒乓球锦标赛男子单打冠军……"冯国浩几乎不敢相信自己的眼睛，认真地端详这个坐在他面前的腼腆的青年，他被这个有远大抱负的年轻人的雄心壮志所震撼。记得当年自己参加国际比赛，只要能晋入八强就算震古烁今了，哪还敢想在蟾宫折桂啊！他考虑了一会儿，慎重地说："容国团，你的身

体刚刚恢复健康，不要订得过早呀，是否订在 1961 年拿下世乒赛男子单打冠军？"容国团蹙了一下眉毛，掏出钢笔，缓慢地旋开笔盖，很不情愿地把"一年"的"一"字改写为"三"字。但是，在他的心目中，始终都是刻着个"一"字，因为"一"字是零的突破，是冠军的象征，是中国人跨入世界民族先进之林的第一步啊。容国团知道，要逾越这一步，需要有多么大的勇气和毅力！

1958 年 4 月 2 日，广东省体育工作者跃进誓师大会在二沙岛广州俱乐部举行。全省各专区、行署、市、县体育运动委员会，省级产业体育协会和国防体育协会的负责人及运动员等四百多人参加，气氛热烈。广东省体委领导作了动员报告之后，各队的运动员一个接着一个上台誓师，宣布个人的奋斗目标。

"我要在撑杆跳高项目争取夺得全国第二名。"

"我要在跳远项目争取夺得世界前十名。"

"我要在世界乒乓球赛单打进入前八名。"

……

"我要在长跑速度上达到汽车的速度，与汽车环城赛跑一圈。"

有好些运动员受到当时"大跃进"这种极"左"思潮的影响，不切合自己的体能状况或忽略达到某一个目标存在的技术难度，发出了一些华而不实而又引人发笑的誓言。但因为这些誓言都是向上和富有积极意义的，所以在当时的气氛之下，有人尽管暗地里笑掉了大牙，也不敢公开表露嘲讽之意。

尽管如此，体育工作会议一连开了两天，仍然无人敢要夺取世界冠军。毕竟理想和现实相距太遥远了，口气最大的人，也不敢说自己一口能吞下三碗热豆腐。此时，容国团却按捺不住内心的亢奋，毅然登上了讲台。顿时几百双眼睛注视着他，大家都屏气凝神地想听一听他的豪言壮语。容国团的脉搏突然加速跳动，全身的血液都涌上脸颊。他明白此刻誓言一出，就如立下军令状一般，就会引起全场的强烈反响。他抓讲稿的手也有些微微发抖，他努力抑制自己紧张的心情，尽量让早已考虑成熟的计划能有条不紊地、清楚地表达出来。他向着静穆的全场一字一句地念道："一、今年内，任何外国乒乓球队来广州比赛，个人保证在团体赛中取得两分，争取三分。二、在今年全国乒乓球锦标赛中，保持男子单打冠军称号。三、如果能够参加明年3月在西德举行的世界乒乓球锦标赛，要晋入男子单打前八名内。四、三年内取得世界乒乓球锦标赛男子单打冠军，在团体赛中个人在每场比赛中要取得两分以上。五、今年争取入团，三年后争取入党。"最后，他紧握拳头，斩钉截铁地说："我不拿世界冠军，誓不罢休!"霎时，全场报以热烈的掌声，人们你一言我一语地议论开了。

"好样的，敢想敢说!"

"不过当世界冠军就不容易啦!"

"他这样的身体，拿世界冠军是不可能的!"

"他发高烧，大言不惭!"

面对站在大家面前"吹牛"的容国团，瘦高个，身体还带着久病初愈的倦态，人们的惊讶和疑虑是可以理解的。古今中外，总有一些英雄豪杰敢为天下先，做出一般人难以想象的业绩来，而在未成功之前，他们的言论往往被视为"狂妄之言"。贝多芬在未发表伟大杰作之前，就被资产阶级贵族们鄙为乱弹琴；哥白尼提出地球环绕太阳转的真理，被封建贵族们视为异端邪说;而容国团却被一些人认为是扯荒扯白，应用擀面杖把舌头擀擀，认为他是妄自尊大。当时广州体院将容国团发出"人生能有几次搏"和"不拿世界冠军誓不罢休"的誓言，用毛笔写成两幅红布标语，悬在广东省体工队乒乓球队宿舍，从三楼吊到一楼，格外刺眼。因此，在一段时间，他的豪言壮语被人作为笑料的谈资，甚至目光都是异样的。有些运动员见到容国团就会挪揄说："喂，三年取世界冠军啰。"容国团一笑置之，但在他的心里却承受着很大的压力。

人，只怕自己倒下去，别人是骂不倒的。"狂夫之言，圣人择焉"。建功立业，是许多人的梦想，而且有很多人，也就差那么几个小步就能完成心愿，但最终败下阵来。因而，那一级级的台阶是展现英雄与懦夫的最佳场所。

"大跃进"这个狂热的年代，尽管曾经激发过很多人"敢上九天揽月，敢下五洋捉鳖"，做出许多荒唐的事情，但应该说，容国团是那个时代的特例。当时，容国团为自己订立的目标是符合他个人的发展实际的，与周围弥漫着的好高骛远、盲目乐观有着本质的区别。"大跃进"制造出许多"怪胎"，什么"'老子天下第一'，全民大炼钢铁"；什么"人有多大胆，地有多高产"。这场闹剧演绎到最后，人们竟不得不倾筐倒箧出家里的铁制品，滥伐林木，在土高炉里冶炼钢铁；以及拔苗助长，堆积起"亩产万斤"的一叠叠谎言来，不讲科学的浮夸风成为当时社会的弊病。但容国团并非狂热，

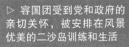
▷ 容国团受到党和政府的亲切关怀，被安排在风景优美的二沙岛训练和生活

他只是根据自己的实际出发，确信自己一定能达到目标。他以充分的思想准备，作为信心的保证。这几年来，他一直很注意研究世界各国乒乓球技术的发展，留心国外的各种先进打法，他的誓言不是凭空杜撰的。容国团是实事求是的人，不像个别运动员夸夸其谈，不着边际，为讨好领导，信口雌黄地说什么"不拿世界冠军不结婚"。甚至连什么与汽车赛跑的超乎人体生理极限的荒诞言论也敢宣扬出来。容国团不卑不亢，始终对自己充满信心。正如后来容国团的老乡和同事梁友能说的："在'大跃进'年代，容国团发出取得世界冠军的誓言，虽然比较激进，但带有积极因素。这个年头，很多人在心理上对绿眼睛、黄头发的洋人很害怕，容国团思想很解放，他带了个头，激发人们奋发图强，而且他下了决心就拼命去做。"

1958年4月中旬，匈牙利国家乒乓球队从北京转到广州访问比赛。容国团以2：0、2：1的大比分两次打破欧洲冠军别尔切克不可战胜的神话。当时，正值毛泽东主席在广州接见省市领导人，当他从收音机中听到容国团打败欧洲冠军的消息时，高兴得鼓掌大笑。

◁ 1958年4月中旬，匈牙利乒乓球队应邀到中国各大城市进行访问比赛，容国团在北京代表国家队比赛时，1比2输给欧洲冠军别尔切克。但他败不馁，又专程从京返穗，再与别尔切克交战，终以2比1取胜。图为5月2日在广州体育馆比赛的情景

对在座的人说："我们乒乓小将破除对洋人的迷信了！"第二天清晨，广东省体委主任陈远高按照市委书记的指示，特地赶到二沙岛，向体工队全体教练员和运动员，传达了这一情况，鼓励大家要破除对洋人的迷信，"丢掉洋拐棍"，要敢于胜利。

多面手奇才

★★★★★

1958 年 5 月 25 日，容国团被国家体委授予"运动健将"称号，11 月 18 日，他加入了中国共产主义青年团。先后为广州队夺得全国九城市乒乓球锦标赛男子团体、单打冠军，以及取得第五届全国乒乓球锦标赛男子单打冠军。10 月下旬，容国团从广州乒乓球队选送到国家乒乓球队集训，准备参加第二十五届世界乒乓球锦标赛。

容国团调到国家队后，立刻与梁焯辉指导和傅其芳教练共同制订一个训练计划。容国团认为，要想在世界比赛中过关斩将，就应该具备多种多样的技术，没有全面的技术，就不可能根据不同对手来决定自己的战术。这是因为世界名手的打法各不相同，各有长处，只掌握一两手"散手绝招"，不可能杀出少林寺的"木人巷"。他小时候曾经听过不少有关少林功夫的故事，其中有一个是说少林和尚习武学成时，要通过一个考试，那就是要打通由几个少林高僧组成的关闸，即"木人巷"，才能算是满师毕业。

北京的隆冬，寒气袭人，这对于长期生活在南方的人来说，是难以忍受的，更何况容国团久病初愈。果然，投入训练不久，容国团便时时出现头昏目眩的状况，但他咬牙挺住。他相信，就如攀越一座山峰，尽管越往上空气越稀薄，但是越往上风光越是无限。他不能打退堂鼓，他要超越自我。本来容国团白天训练已经累得疲惫不堪，抬腿都有困难了，但只要猛一想起有些技术动作掌握得还不够牢靠，需要晚上补课，他就毅然抓起棉大衣，招呼伙伴，冒着凛冽的西北风，急步走向漆黑的练习馆。当时的共和国百废待兴，不可能将重金投放在某一个行业，训练馆条件较差，没有暖气设备，寒冷的北风从窗外吹进来，冻得容国团浑身发抖，十分难受。此外，训练场地中间是练习篮球和排球的，两旁才是练乒乓球的，时常要受到打进来的篮球和排球的干扰。但就是在这样的环境下，容国团仍然知难而进。

当时，最使容国团难受的是晨间的长跑，训练时他必须在接近摄氏零下20度的气温下跑步。且时常要迎头顶着四级以上的西北风，这是容国团过去不曾经历过的严峻考验，有时他连气也喘不过来，却还嘶哑着声音为自己加油："挺住，一定要挺住，把困难压下去！"为了提高耐久力，考验自己的意志，他曾经有两回坚持跑足一万米。领队见他实在坚持不住了，要他歇一歇，容国团却喘着气回答："突破这一关就好办了！"他到底以顽强的意志冲过了这一关。

在实践中，容国团记得上次在北京输给别尔切克，是膂力不足，使田径功夫很好的别尔切克以逸待劳的战术有机可乘。为了使自己适应未来的恶战，他注意力量方面的训练，经常练习举重、哑铃、双杠、跳绳等，强化臂肌。因为熟知自己的身体状况，容国团的训练与其他队友有些不同，他注意有的放矢和训练质量，苦练加巧练，把高级的基本功训练与高级的乒乓球艺术处理有机地结合起来。果然，经过几个月的训练，他的身体各部分更为壮实，尤其是手臂变得孔武有力，大大增强了攻球的力量。

与容国团在香港孤军奋战的情况不一样，在集训期间，容国团得到了来自于集体的智慧和技术帮助。如练球时不再是单个面壁，而是和队友们轮流对攻。有什么技术上的难度或者瑕疵，都能在实践中得到改良和纠正。国家队球员都是国内各种球路的拔尖人物。当容国团要练习削球时，"削王"姜永宁、庄家富和李仁苏便同作"车轮大战"；需要练正手时，他们就送正手；需要练反手起板时，他们就把球送到反手位置；想打对攻时，"重炮手"王传耀、徐寅生就同他劈里啪啦打个难解难分；需要练高球的技术时，胡炳权会一个接一个把球扣到台面的各个位置去；需要练习推挡球的技术时，杨瑞华会好几个小时完全以推挡还击。正是因为队友不计较个人得失和无私的奉献，容国团抽、杀、削、吊、拉、搓、推、挡，几乎样样精通。他掌握的这种"拼盘技术"，被称之为"八臂哪吒"。可以这么说，没有队友们做出一定的牺牲，容国团不可能取得后来的辉煌战绩。

在教练员的指导和队友们的帮助下，容国团又将自己独创的用同一动作发出转而不转球技术提高了一个档次，并且根据个人的身体和技术特点，创造了一套攻、守、拉、搓、推、挡相结合的打法。后来他这种灵活多变的技术风格，对丰富和发展我国乒乓球运动"快、狠、准、变"的技术，提供了一个楷模。

技术提高了，体力增大了，意志加强了，这使容国团在登峰途中，迈开了跃进的步伐。但要取得胜利，还必须"在战术上重视敌人"，容国团觉得自己过去敢于"藐视"，往往是出自一种自信，而且，这里面还有自傲之心。记得他首次对付匈牙利队的别尔切克时，开始在思想上轻视对手，没有发挥好发短球抢攻的技术，结果以 0∶3 大败。然而，怎样才能真正处理好"藐视"它和"重视"它这两者之间的关系呢？一位领导给他打开了心灵之窍："藐视"不是掉以轻心，自大自狂；"重视"不是甘拜下风，迷信洋人。而这两者，都落实在充分的准备上——不打无准备之仗，不打无把握之仗。于是，容国团仔细倾听了王传耀、姜永宁这些老将们介绍各自的比赛经历，认真琢磨外国

△ 容国团为参加第二十五届世界乒乓球锦标赛刻苦训练

△ 容国团（左一）与庄家富（中）、王传耀（右一）切磋球艺

选手的球艺，并在平时练习中，带着"敌情观念"进行训练。这期间，即1959年2月初，容国团随中国乒乓球队提前到欧洲匈牙利和西德进行实地的"演习"，这样，为冲击世界高峰所作的思想准备和技术准备就逐渐完善了。

在世界比赛即将来临之际，容国团和王传耀合写了一首诗共勉：

> 一拍来一拍去，
> 像穿梭如闪电，
> 削过去一片鹅毛，
> 投过来一个炮弹。
> 猛虎擒羊要抓紧时机，
> 蛟龙抢珠需细心大胆；
> 比技术斗意志，
> 主动是胜利的关键。
> 后起之秀像雨后春笋，
> 老将们也努力向前。
> 冲天干劲会开花结果，
> 且看胜利的1959年。

中国第一个世界冠军

硕果仅存一颗种子

★★★★☆

第二十五届世界乒乓球锦标赛，有46个国家和地区的440多名乒乓球运动员参加，是规模最大的一次乒乓球赛（1956年第二十三届世界乒乓球锦标赛在东京举行时，只有21个国家和地区的129名选手参赛）。其比赛的紧张激烈程度也是前所未有的。

1959年4月初，在西德多特蒙德举行的第二十五届世界乒乓球锦标赛中，爆出了一条特大新闻：男子单打进入前八名争夺战的有一半是中国人！几天前，中国队在团体赛几乎战胜欧洲冠军匈牙利队，使后来夺标的日本队吓了一大跳。现在这班打法新颖的中国人果然过关斩将，直向圣·勃莱德杯逼近了。

但人们仅仅高兴了两天，舆论的调子又急剧下降。赛场上一次次地传来令人伤心的消息，中国选手王传耀、杨瑞华、徐寅生几员大将在第六轮的单打循环赛中先后落马，失去继续比赛的资格，进入半决赛的只剩下初出茅庐的容国团一颗种子了。他单枪匹马，失却了队友的互相支援和挟击，

△ "黄沙百战穿金甲，不破楼兰终不还。"容国团披上征衣

形势并不乐观，圣·勃莱德杯似乎越来越可望而不可即了。

但就是在这种形势之下，造就了在逆境中破茧而出的容国团。队友们的失利，给容国团造成了强大的心理压力，但这种压力同时又转化为一种动力，撩起了容国团的斗志。是呀，就只剩下他了，如果连他也让那帮"鬼佬"击溃，中国乒乓球队就等于扯了一块耀眼的白旗，试问如何回国向父老乡亲交代呀，对得起在他身上寄托了深切期望的贺龙副总理和无数热诚的球迷么？"自古华山一条路"，这叫做"背水一战"！

为了避免给容国团增加太大的压力，教练们这时都只进行一些例行的教诲，并没特别指出容国团的主攻方向。而事实上，他们也指导不了。因为口号终归是口号，教练们对自己球队的总体实力心中有数，在既定的目标中，团体或单项能进入前四名已经不错了。说实在的，他们也不敢寄厚望于容国团——他的身体状况总是让人担忧，应付国内的比赛尚可勉强支撑得住，一旦到了国外，情势就不那么美妙了。世界冠军，真是那么好拿的么？

这时，在国内观看电视转播现场比赛的庄则栋，很兴奋地对李富荣说："哎、哎、哎，你看，你看，容国团还真顶住火了，脖子还真硬，还没让人给吃了，好样的。"李富荣为之动容，把头一点，一缩又一歪，带劲地说："咱们等他的好消息！"果然，容国团的好消息频频传来，但又让国人的心节节往上提。

比赛第一轮轮空。第二轮容国团迎战西德的朗格，他似乎胜得比较轻松，开始就以2:0占得优势。在第三局18:19时，朗格球出了界，裁判员判为19平，但朗格的教练特着是东道主，走出来向裁判提出抗议，硬说这是擦边球，裁判员本身就瞧不起中国人，竟又改判为18:20，结果容国团以20:22输了这一局。但是容国团没有因为裁判员不合理的改判而耿耿于怀，而是集中精力投入比赛，最后以3:1击溃朗格。

第三轮，容国团遇到了第一个劲敌南斯拉夫的马科维奇。当时马科维奇的名气很大，在罗马尼亚举行的九国乒乓球国际赛中，曾击败过别尔切克夺得冠军。他的优点是正反手都能攻球，也能近台推球，但致命的弱点是防守薄弱。当他遇上容国团的快速直板攻球和发球时，就全面崩溃了。马科维奇在比赛前就信心不足，说："我一定会输给容国团。"果然，在比赛中，马科维奇被容国团的盛气所压倒，当比分落后时，情绪很懊丧，终于以0:3败北。

第四轮的对手是瑞典新秀埃里克森。容国团用稳健的打法，又以3:0轻松取得胜利。

最后就要闯三道极难越过的关口，这三员把关大将都是大有来头的风云人物。要闯过去，需要更大的勇气和毅力。

在第五轮中，与容国团决存亡的是1958年日本的全国亚军星野展弥。这一员猛将在团体赛中打得十分出色，为日本队第五次蝉联男子团体世界冠军立下了汗马功劳。容国团以过人的眼力早已看准了对手慑于自己的推挡和反手板攻球的弱点。正如赛前星野展弥曾对人说："容国团的近台快攻和锐利的反手抽击，很难对付。"

果然一交战，星野展弥就打得有些犹豫，不如团体赛时那样凶狠、泼辣。容国团在团体赛中，早就琢磨用什么办法才能制伏这个擅发球抢攻、攻球力量很大、命中率又较高的星野展弥。他很细心地观察星野展弥的战术特点，将每次观察所得记录下来。然后针对他的弱点定出对策。其对策就是怎样去接他的发球，使他不能抢攻。容国团决定回击硬球，宁愿打失，也不给星野展弥有抢攻的机会，使他的杀手锏不能发挥作用。在比赛中，容国团又针对星野展弥反手攻球较差和防守不算好的破绽，采用了推挡和发球抢攻的战术。他发近网短球，等星野展弥拉过来时，就用反手攻或推他的左方，然后侧身用正手杀板。同时还交替发长、短球，使星野展弥摸不着规律，当星野展弥一心接近网短球时，容国团就发一个长下旋球，使他推球下网。容国团在比赛时打得沉着、冷静；星野展弥却非常紧张，有时发球手软失误。有一次，星野展弥反手发一转球，想等对方搓过左方，侧身便下杀板，谁知白光一闪，球儿箭一般向自己右角反射回来。他猝不及防地几乎跌倒，扑救中连球拍也打飞了，甩出好几米远，引起全场的哄笑。星野展弥摇摇头，怯阵了。结果星野展弥以 1∶3 败下阵来，日本队教练的"我们不相信中国队能打败日本队选手"的狂言被彻底打破了。

　　第二天，容国团再度迎战匈牙利选手别尔切克，第八轮刈阵开始了。在团体赛中，别尔切克胜了王传耀、容国团后，夺魁的呼声很高。乒坛人士也认为别尔切克是最强劲的世界冠军角逐者。当时别尔切克气势颇盛，他也深知机不可失，志在必胜。而容国团能否闯过这一关，却是一个严峻的考验。这需要信心和意志力。

　　双方交战，别尔切克重施号称"起重机都拉不起来"的下旋球，并以低、转、稳的削球压住容国团的两面抽杀，反攻取得战果。容国团也不甘示弱，打得勇敢果断，有机会就大胆落杀板，以凶狠相对。两人争夺成2：2。第五局将一决雌雄而定存亡，登上世界冠军的宝座也就那么几级了。别尔切克用尽平生招数，孤注一掷。容国团也施展浑身解数，以牙还牙。容国团显然找到了克制对手的办法，一反前四局的硬攻狠打，采取了稳扎稳打的搓拉和伺机扣杀交替运用的办法，竟然把别尔切克打得沉不住气了，既削不稳，落点也控制不好——"起重机"失灵了。在第三个球，当别尔切克找到了好机会起板抽杀，以为会抽死时，不料被容国团轻轻地放回高球，别尔切克再攻，容国团再放回高球，五六个回合之后，容国团看准机会大板打死。别尔切克失去了这个球，心里发慌，开始气馁了，结果容国团江河直下地以21：5的悬殊比分击败对手。这一战真是石破天惊，令世界乒坛人士大为瞠目。

　　但是，紧张激烈的比赛尚未结束，前进的道路上仍等着容国团去披荆斩棘——闯出一条中国人夺取世界冠军的路子。

　　半决赛的第七轮开始了，容国团的对手是连挫徐寅生、杨瑞华两员中国骁将的美国冠军迈尔斯。这位32岁的秃头球星，在11年前的混合双打中夺得过世界冠军，他经验丰富，守球很稳，削球技术几乎臻于无懈可击。当时乒坛专家都认为迈尔斯对付中国攻击型选手胸有成竹。然而，这位美国冠军，曾在1957年来港访问时，香港乒总会安排他与刚打败获村伊智郎的容国团较量，他怕丢面子，竟以泻肚为由辞去，今又相逢，确是冤家路窄。领队陈先曾听说过这段笑话，一再叮嘱容国团不能存有半点轻敌思想，要沉住气，认真对付。容国团心想，不管迈尔斯打法怎样，招数多高，我一定不能输给他！诚然，这位美国选手能过五关，也确实非等闲之辈。令人惊奇的是，迈尔斯没有被选入美国国家乒乓球代表队，这次他是个人自费来参赛的，可见其心里是憋着一股气来的。

　　果然，容国团的猛烈攻势碰到了迈尔斯的低而旋转性极强的削球，有如狂涛拍击礁石，潮头一过，礁石仍岿然不动，虽然费尽气力险胜头局，接着却连输两局，形势极为不妙。此时，有一位外国乒乓球权威人士断言说："中国选手不过如此！"认为容国团已是黔驴技穷，非输给迈尔斯不可。事到如今，在场外观战的中国队员再也坐不住了，他们都站起来异口同声地说："不能眼看容国团这样输下去了。"

在休息的片刻，临场指导召开了紧急会议。当时大伙有两种意见：一种主张容国团争取攻势，另一种主张搓球对付。曾败在迈尔斯拍下的徐寅生献出周郎妙计，他根据自己失败的教训，深有体会地提出："绝不能让容国团再走我们的老路，跟他磨，斗意志！"

"对，跟他磨！"大家一致赞同这个战术，并且坚信容国团一定能磨垮对方。集体的智慧和力量鼓舞着容国团必胜的信念。容国团默默地想：是到搏的时候了！他平缓地走近球台，蓄势以待。迈尔斯嘴里嚼着一块橡皮糖，双腿不停地弹跳，并且顾盼四周，一方面给容国团制造心理压力，一方面告诉观众，他要胜了。容国团倒镇定自若，藐视对方，心想：随你怎么样，我一定不输给你。比赛开始，容国团突出奇招，施展了搓球的看家本领，用稳搓与对方"泡蘑菇"，双方往往要打上十几个回合以上，才能决定一分球的胜负。只见他近搓、远搓、急搓、慢搓、搓转与不转，声东击西，左右逢源，一下子打乱了迈尔斯稳削防守的战术意图，形势急转直下。容国团以21∶18扳回了第四局。

场上的士气此消彼长，容国团精神抖擞，继续用搓球的上乘功夫与迈尔斯周旋，打得迈尔斯张皇失措，破绽百出。积分升到20∶7时，迈尔斯已无心恋战了，容国团改守为攻，一个大板，但没抽中，球飞到场外。迈尔斯做了个手势，似乎表示："你别这么厉害了，我不打了，输了。"容国团不理会，迈尔斯只好懒洋洋地到场外捡球，继续赛下去。容国团把球抛起，"着"一声发了个下旋球，见接回一个半高球，就狠狠一板打死。全场顿时响起一片脆生生的掌声，那些短视的专家和权威们眨着眼睛，哑着嘴，看来他们要重新估量这个不屈不挠的中国青年了。

中国队的教练们，不好说为这场阵地战全都目瞪口呆，但心灵的震撼是无疑的。他们心里在呼喊，好样的容国团，果然打出了威风，再加把劲，胜利是我们的啦！

但仍没有人敢断定容国团能一举拿下圣·勃莱德杯，缔造出共和国体育运动史上的第一个世界冠军。尽管这个目标仅一步之遥。可人们的情绪被煽动起来了，尤其是祖国的观众，他们才不理会专家评判的条条框框，只相信眼前看到的一切。如果容国团真的拼输了，不知会留下多少个耿耿难眠之夜，留下多少时代之恸！

中华民族需要这个冠军

☆☆☆☆☆

容国团厮杀了 26 个回合，擒熊捅虎，一连斩下六员大将，最后取得了与匈牙利选手西多争夺世界冠军——圣·勃莱德杯的资格。这是第二十五界世界乒乓球锦标赛的最高潮，也是中国体育运动发展史上即将走向一个新纪元的历史标志。

在这个紧张的时刻，全中国人民都在迫不及待地期盼着这个冠军诞生的消息。有的人拧开了收音机守候到深夜 11 时，有的人一夜往报社挂几次电话打听战果。住在广州的容勉之更为关注，他整夜守候在收音机旁，女播音员每次播出的战果，都使他的心好像十五个吊桶打水——七上八落。此时，他最揪心的是儿子的体力。他深深地知道：作为乒乓单打世界冠军的人，必须具备超乎常人的体力，才能够久战不疲，越战越勇。他记得今年香港单打冠军邓鸿坡参加广东省运动会乒乓球赛，先赢后输，回港后向人解释说主要是体力支持不住，故后几天的成绩越打越差。连邓鸿坡这样壮健的人都支持不住，更何况容国团体质一向比邓鸿坡差。凭良心说，容国团当时的体质是绝对达不到世界冠军的标准的，更何况他曾患过肺结核病，尽管得到极好的诊治，但此病终究不是感冒发烧，不可能在短时间里打针吃药治愈的。显著例子就是容国团的妈妈，十多年来各种药物吃过不少，但至今仍是手软脚软，咳嗽气喘。

想到这，容勉之就揪心不已。儿子从团体赛开始到单打冠军争夺战，一共有 10 天，其中只有一天休息。这种超负荷的拼搏，儿子能支撑得住吗？

容国团仿佛感触到与他息息相关的祖国那强有力的脉搏的跳动。他对这场生死攸关的球赛想得很多，心情也十分激动。他的最后一个对手，是身经百战、拥有 20 年比赛经验的老将西多，他善于近台逼角反攻，在过去几届世界赛中，曾先后九次荣获团体、单打、双打冠军，享有"巨无霸"的盛誉；在单打中扳倒了荻村伊智郎，也是连闯七关的一条好汉。西多的技术和精神状态都非常好，气势咄咄逼人。开始容国团有些担心，也有点紧张，但当他想到"我是在为祖国争取荣誉"时，终于鼓起了勇气，加强了信心。他暗自说："西多，我对你虽是败军之将，但我敢与你再一比高下。"容国团在这次团体赛中，曾输给西多，不过，他觉得当时自己是有可能打败西多的，在那次决胜局开始时，双方的比分一直交替上升，直到快结束时，西多连续打了四个擦边球险胜。容国团认为，这说明自己的技术不低于对手，况且月前到匈牙利比赛，也曾以 2∶0 打败过西多哩。容国团决心要为祖国荣誉而战！

这时候，任何人的潜意识里哪怕有一丝一毫的私心杂念都是可鄙的。因为容国团这时代表的已不仅仅是他个人的荣耀，而是共和国的名誉。也只有到了这关键的时刻，方能体现出这个时代的人的思想理念和人文精神。众所周知，体育界是最容易滋生门户之见、名位之争的地方。但 20 世纪 50 年代的中国乒乓球队，是温情洋溢的大家庭，即使兄弟姐妹间有些微的摩擦，也极容易为当时的那种万众一心赶超英美的气概所淹没和溶解。那是个不提倡也不容许有私念的年代。

在这个关键时刻，领队、教练和男女队员们都摒弃成见，把容国团当做亲兄弟一样，尽心尽力地为他出谋献策。老将孙梅英独具慧眼，她分析了王传耀在团体赛和单打赛中以特长对特长输给西多的原因，针对西多不善于反击旋转拉球的弱点，特别提醒说："容国团，我看你搞一些侧上旋拉攻球，他会手软的！"她献出这个锦囊妙计，使容国团暗自信服。容国团知道，即使拉侧上旋球不是自己的特长，且可能会有失误，但西多会为此不知所措，更加生畏。

经过集体的研究，最后给容国团制定了两套战术，一套是采用上旋拉攻突破西多的右防，使他不能稳守一个位置；另一套是西多身体肥胖，转动不大灵活，用拉左杀右、拉右杀左的战术，使他措手不及。容国团有了明确的战术，斗志更加旺盛了。临上场时，他充满信心地对大伙说："今天我要好好搏一搏！"

4月5日下午，多特蒙德威斯特代里亚体育馆的比赛气氛十分紧张，场上的球迷多半替西多打气，希望有一个欧洲选手夺魁。匈牙利队员早已给这位名扬世界乒坛的队长准备了一束鲜花，并在花旁放着一块球拍，深信世界乒坛的第十朵"西多之花"将绽开无疑。许多赌徒都将赌注加大投在西多的身上，满以为这次冠军必然是"巨无霸"的了。

穿着运动短裤的西多和穿着运动长裤的容国团在八千多名观众的注视下入场了。一个是36岁，头发已经灰白，身高1.85米，体重210磅，久经风霜的老将；一个是只有21岁，身体羸弱的后起之秀。"将遇良材，各显神通"。战幕拉开了，果然是一番龙争虎斗。容国团铆足劲儿，展开了猛烈的攻势，他运用拉左杀右和发球抢攻的战术，以7：3遥遥领先。西多不愧为沙场老将，立即加强反攻，追成8平，从此两人拉锯战地从9平、12平到21平。最后因容国团打得有些保守拘谨，接球和攻球失误，以21：23失利。

这时，赌徒们见形势喜人，"捉鸡"（赌钱的意思）的劲头更足，纷纷加注马克，有的几乎把全部家财投注在西多身上。这个月14日就是西多37周岁的生日，夺取世界冠军，当然是他最好的生日礼物，西多更加气势逼人。在形势不利的情况下，容国团仍然神态镇定，面无惧色。他知道西多身高手长，两边照顾范围大，在第二局他加强了拉球力量，并注意了西多的反攻。4平以后，容国团的杀球越来越准地猛攻对方的右角，接着又顺风放火，长短兼施，攻球虚中有实，常常一个重板把西多打出去，一个短搓把西多引上来，使西多在台边东抢西救，奔跑不迭，活像一个小顽童，这把大胖子坑苦了，结果容国团以21：12扳回一局。

第三局，身手不凡的西多也改变了打法，他拼命加转和逼角反攻，以7：4的分数领先。此时，场上的观众又活跃起来，为西多打气。尤其那些大亨赌徒们更是急不可待，站起身，双手紧握拳头，大声喊道："西多必胜！"但是，容国团没有被喧闹声干扰，他保持冷静，全神贯注，沉着应战，丝毫不乱。他一连发球抢攻，追成平手，接着以侧上旋拉球使西多难以反攻。在13：8时，西多似乎找到了机会连攻4板，却又被容国团左推右攻，连削带打，压了回去，打得西多晕头转向，不知怎么对付才好，容国团又以21：15再胜一局。

第四局，容国团越打越有信心，渐入佳境。伙伴们叮嘱他要继续采用侧上旋拉攻球来扰乱对方的近台削守，控制战局。西多老谋深算，方寸不乱，在容国团变换新招后，仍然打得头头是道。他在逼角反攻的招数被对方控制的情况下，虽无法施展，却对防守带旋转的拉攻屡屡放出高球，好像放风筝一样，左右飘忽，以逸待劳；有时又忽攻忽挡，中间突击，攻守自如。容国团知道西多欺他体弱，想用放高球来消耗他的体力，这真是："人老精，鬼老灵。"于是容国团像孙悟空三打白骨精，你变我也变，干脆拿出了拉、扣、搓、推、吊的全套战术，与西多对打。他艺高人胆大，常低球重杀，既稳又准，打得西多精疲力竭，毫无还手之力，终于西多以14∶21败下阵来。而那些把赌注投在西多身上的赌徒们也呜呼哀哉了。

当容国团以3∶1打败最后一个强手时，心情却异常平静，他站在场上环顾四周，仿佛向轻视中国选手的外国人宣告：为世界创造了灿烂文化与文明的民族，也能拿世界冠军。

这时，西多心悦诚服地走过来与容国团握手致意，并两人双手举起来，跳了一下。匈牙利队的球员也冲上来把"献给世界冠军的花"转送给容国团，向他表示祝贺。当容国团高视阔步地走向领奖台的最高处时，他忘记了刚刚结束的激战和激战给他带来的极度

△ 第25届世界乒乓球锦标赛，容国团为中国首次取得男子单打冠军。图为容国团和亚军西多（匈牙利选手）在领奖台上

疲累，他掩饰不住内心兴奋的心情，将银光闪闪的圣·勃莱德杯高高擎起，伴随着雄壮激昂的中国国歌，一面鲜艳的五星红旗冉冉升起，场内突然爆发出一阵阵地动山摇般的掌声和欢呼声，经久不息，撼人心魄。此刻，容国团激动得心潮澎湃，热泪盈眶……

中华民族太需要这块金牌！共和国太需要这块金牌！中国人民永远不会忘记这一时刻！

 # 一花引来百花开

★★★★★

容国团赢得了中华民族第一个世界冠军，像一声响亮的春雷，惊动了全球。他的胜利令中国人在世界体坛上第一次扬眉吐气。使中国赢得国际社会的尊重，使中华民族以充满自信的姿态屹立于世界民族之林。国内外的报纸都以头版头条，大字标题报道这个中国体育史上值得大书特书的喜事。《日内瓦日报》评论说："中国运动员在世界上以优秀选手的姿态出现，这件事看来比容国团个人的胜利更加重要得多。"曾多次获得世界冠军的英国乒乓球手李芝撰文说："一个中国的体育学院学生获得了世界乒乓球锦标，是我们意料不到的，在其他的六个锦标都为日本人所得的情况下，容国团像鹤立鸡群，特别得人好感。"在容国团夺魁这天，国际乒乓球联合会第二十五届代表大会以 37 票对 5 票通过一项决议，宣布下届世界乒乓球锦标赛在中国北京举行。这又是中国有史以来，首次争取到在国内举行世界比赛权的殊荣。

喜讯接二连三传来，全国上下一片欢腾，人们莫不感到骄傲和自豪。不少港澳台同胞、海外侨胞，特别是香港筲箕湾街坊，听到这个令人振奋的消息，喜极而泣，纷纷致电祝贺，他们情不自禁地到街头集会，燃放鞭炮，振臂呼喊："祖国万岁！"

一位香港同胞欢欣若狂，即席喜赋：

波（球）桌群英逐，板下谁雌雄。神州容国团，今日真威风，百战无敌手，建立非常功！万里接金杯，不负平生志。战将四五员，并列高名次，捷报雪片传，国人尽欢喜。光荣有此日，党教为之基，百年病夫辱，早洗天下知……

陈毅副总理在中央广播电台演讲说："中国人民从来是勇敢、顽强、不示弱、不落人后的。容国团等体育健儿取得的光荣成绩，将载入世界体育运动史册，中国体育上的屈辱日子一去不复返了。"

香港《大公报》在"青年人"的栏目里，发表了一篇《容国团与青年人》的文章，指出："容国团在群雄角逐中，荣获男子组单打冠军，为中国人在世界体坛上吐气扬眉，这是我国体育史上值得大书特书的事。"从容国团所走的路可说明一个事实：

中国并不是没有人才，而人才是需要国家培养的。此外，在任何困难环境下的青年，千万不要气馁，只要抱定"有志者事竟成"的宗旨，锲而不舍地为理想刻苦奋斗，把所学贡献给国家，终必有成功的一天。

……

我们这一代青年，真该庆幸有了一个强大的中国，给我们带来了无限光明的前途。只要你有一颗纯洁的爱国心，绝不会使你失望。容国团成功的事例，给我们青年人上了生动的一课。

在这个时候，国内各地都给容国团寄来充满着热情与希望的大批贺信贺电。北京航空学院的同学们在红色的信纸上写着：
"当我们听到容国团同志夺得男子单打世界冠军的时候，没法控制内心的激动，因为可爱的祖国又多了一个世界冠军。"辽宁大学中文系6014班的全体同学在来信中写道："不管黄沙扑面，我们决心学习你（容国团）的精神，有信心攻克文艺理论科学堡垒，编写出《中国文艺学》来。"

评论员指出："容国团在这次第二十五届世界乒乓球锦标赛中，夺得了和团体赛同样引人注目的男子单打比赛的世界冠军，为祖国争得了光辉的荣誉，打开了我国运动员在乒乓球和其他运动的世界锦标赛中获得世界冠军的大门。"容国团成功的实践，为中国打破了世界冠军高不可攀的迷信，拨开了笼罩在世界冠军皇冠上的神秘迷雾，激励着更多的人解放思想，勇攀世界高峰。继容国团后夺得世界乒乓球男子单打冠军三连冠的庄则栋，当年曾与李富荣一起讥笑过容国团的誓言是"吹牛"，现在他们却感到无地自容了。庄则栋低下了头，很内疚、惭愧，对李富荣说："咱们思想太保守了，自己没有雄心壮志，还嘲笑人家'吹牛！'人

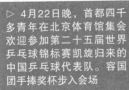

▷ 4月22日晚，首都四千多青年在北京体育馆集会欢迎参加第二十五届世界乒乓球锦标赛凯旋归来的中国乒乓球代表队。容国团手捧奖杯步入会场

没出息了。"李富荣也压低嗓门说:"我们是太没出息了,不敢去想世界冠军。"两人默默地站着,一会儿,李富荣用开朗的语气说:"不过,我看世界冠军也不是高不可攀的,你觉得怎么样?"庄则栋精神一振,信心十足说:"我看也是这样。"这两位嘲笑世界冠军的人,却被世界冠军点燃了。

西多在比赛结束后曾对记者说:"只有钢铁般的意志,才能经受住严峻的考验,容国团的胜利证实了这一点。"就是因为容国团这种不屈不挠、为祖国而拼搏的精神,影响了一代人。1960 年初,中国登山队在容国

△ 1959年4月22日,容国团手捧冠军奖杯载誉归来

团的精神鼓舞下,以不怕牺牲、不怕困难的顽强斗志,第一次登上了世界的最高峰——珠穆朗玛峰。容国团听到喜讯,即兴赋诗一首《贺中国登山队》:

翻山越岭破重关,登高健儿不怕难。

一心向前为祖国,飞登高峰立奇功。

体坛豪杰多辈出,更喜登山又居上。

跃进中华震四海,举国人民尽开颜。

容国团是共和国的阳光雨露哺育出来的一枝"报春花",这枝报春花开遍了祖国大地。在庆祝五一国际劳动节时,首都举行了十万多名运动员组成的体育大游行。其中成千上万的乒乓球运动员表演着各种击球姿势经过天安门。后浪逐前浪,人人争上游。举国上下掀起了一股"乒乓热",几乎每个学生背后都插着一个乒乓

球拍，全国挥拍上场比赛的人数竟达到9000万人次。仅1959年9月，北京市西城区举办的职工、干部万人乒乓球冠军赛，报名参加比赛的人几乎超过2万。在少年儿童业余体校接受乒乓球训练的也有2万人，从中选出了不少全国优秀球员组成国家队，出现了一个群星璀璨的盛况。当时日本报刊指出："由于中国是一个社会主义国家，能够指向一个目标，集中地做努力，才能发现和培养众多的天才。这是中国获胜的最大原因。"另一家外国通讯社也评论说："容国团取得的胜利，在世界乒坛上是一个转换点，中国将执世界乒乓球运动的牛耳。"啊，是容国团打开了世界冠军的大门，使全世界乒坛高手从此对东方健儿望而生畏，使中国乒坛常胜不败。

上海乒乓球厂的工人听到容国团取得胜利的特大喜讯，颇受鼓舞，他们认为：中国乒乓球技术已经达到世界一流水平，而国内生产的乒乓球也应该达到国际标准。特别是他们听到第二十六届世界乒乓球锦标赛要在北京举行时，更为兴奋。于是，全厂职工在党

▷ 1959年4月，贺龙副总理（右一）和容国团（右二）等优秀乒乓球运动员亲切谈话

的"奋发图强"的号召下，掀起了技术革新运动。终于试制成功了一种质量很高的乒乓球。这种产品应当起个什么既好听又有意义的牌名呢？厂里的职工们认为当前面临着两件喜事，一件是中国运动员第一次荣获世界冠军，另一件是中国制造的乒乓球质量达到国际标准，这是"双喜临门"。因此，大家便给这种乒乓球起了一个富有中国民族色彩的牌名——"双喜"。仅两个季度，全国各地向这间厂要的乒乓球数量由 2 万多箩（每箩 144 只）激增到 15 万多箩。

体育事业的成就，运动员为祖国荣誉而拼搏的精神风貌，振奋了海内外中华儿女的民族自尊心、自信心。激发出各条战线为振兴中华、建设祖国的巨大热忱。人们从体育看中国，看到的是国魂、民气，是"团结起来，振兴中华"的壮志豪情。在全国人民正欢欣鼓舞地大搞社会主义建设的时刻，中央新闻纪录电影制片厂于 1959 年 5 月中旬拍摄出一部《夺取世界冠军》的纪录影片。整部片子贯穿着浓烈的民族情，跳动着赤诚的爱国心，使人产生强烈的共鸣，激励着人们锐意图强，努力奋进。

攀登世界第二个高峰

侦察秘密武器

★★★★★

　　国际乒乓球联合会主席蒙塔古评论当时世界乒乓球运动现状的时候指出："东亚正处在巅峰状态，现在，乒乓球这门艺术的精华是在东方。"在同一个东方，正当日本人欲在第二十五届世界乒乓球锦标赛囊括全部冠军的时候，年轻的中国选手首先打破了他们在男子单打方面连续保持了四届"王座"的优势，夺走了这项冠军。

　　日本乒乓球协会理事长兼日本代表队总教练长谷川喜太郎，在 1960 年 8 月的一篇文章中警告说："我们不能忽视世界乒乓球运动的奋斗目标已经转向中国这一事实。"星野展弥也写道："必须赶快研究并掌握对付中国选手的良策。"于是，日本人开始了密锣紧鼓的研究工作。荻村伊智郎和涩谷等人认为，对付中国的办法，首先在于发挥他们认为中国选手所没有的加转上旋攻球，以击退靠台很近实行短打的对手；同时不仅发挥正手，也要采取两面攻球，遇到正手的来球就加转进攻，遇到反手的攻球就推挡回去，迫使对方东奔西跑。荻村伊智郎还概括说："我们如果掌握了非常有把握而又有力的反手推挡技术，加上发挥正手攻球的旋转力，就能同中国选手一决雌雄。"

从日本队在准备这届锦标赛对欧洲、对中国两面作战的方案来看，他们在技术训练上的准备，更加明显地针对中国一方。日本队在集训地特召集了他们认为打法像中国选手的运动员一同练习，以便使参加第二十六届世界乒乓球锦标赛的正式选手着重训练和掌握对付中国选手的方法。经过了一段训练以后，长谷川喜太郎对日本队员的技术表示很满意，并且夸口说："中国选手可能在将来对付日本造成很大威胁，但是现在还不能。"

原来，日本队为了保持世界领先的地位，新研究发明了一种"秘密武器"，名叫"弧形上旋球"（简称"弧圈球"）。这是日本运动员在打球时偶然发现的一种旋转性很强的进攻技术。他们用反贴球拍，击球时猛然往上抽拉，使球产生强烈的上旋，尽管球慢而高，出现一个弧度，但由于球旋转得很厉害，对方接球时很难控制，接过去的球往往飞得很高甚至出界，特别初次接触的对手因毫无思想准备，多会出现失误。威胁更大的还是在于这种球会造成对手惊慌失措，思想混乱，手足无措，所以杀伤力很大。这种秘密武器，对刚刚崭露头角的中国运动员威胁甚大。当时中国国家队都是只闻其声，未见其形，不知道弧圈球的打法究竟怎么样，心中无数，大家都很想尽快见识一下。

不久前，东欧劲旅南斯拉夫和匈牙利组成联队访日，竟然被日本队打得一败涂地。日本队扬言，他们的"弧圈球"是不可战胜的，将在第二十六届世界乒乓球锦标赛压倒一切强手，保持他们的冠军地位。这就在中国队教练傅其芳心上投下了一层焦虑的阴影。新的课题摆在他的面前："这个秘密武器，必须了解它，掌握它，制伏它！"

正在这时，傅其芳从香港的老伙伴薛绪初口中得知日本队到香港进行访问比赛的消息，这真是一个摸清"敌情"的大好时机。当时的技术设备也限制了中国乒乓球队，不像后来那样可以通过摄像手段一个定格一个定格地捉摸对手的每一个细微的动作，从而掌握对手的球路，而只能采取笨功夫，如现场观看"偷师"之类。派谁去侦察好呢？他想：容国团脑瓜灵活，技术全面，是最佳人选，但容国团是世界冠军，又是在香港生活过的人，容易让人察觉而暴露目标。于是他便改派会讲粤语对乒乓球颇有研究的削球手庄家富做"探子"。这天，庄家富为不让人发现，戴着一副墨镜，神秘地从北京潜入香港，"火速侦察"。几天之后，庄家富返回北京了。刚进宿舍大门，容国团就捉住他关切地问："喂，日本弧圈球是不是真的那么厉害？"庄家富气定神闲地说："日本弧圈球厉害是厉害，不过我们如果把球打得短一些，是可以制伏弧圈球的。"庄家富呷了一口白开水，又说："我看了日本队同香港队的比赛，香港队老将刘锡晃用搓短球的打法赢了日本队的星野展弥。所以，你可用短球对付日本人。"

"哦——，这我就明白了。如果真要与日本队决赛。我就不怕了。"因为容国团对刘锡晃的打法了如指掌，由此及彼，对日本神乎其神的弧圈球也就有了一些初步的认识。

在比赛前夕，国家乒乓球队召开了一次"诸葛亮"会议。大家研究分析世界乒乓球锦标赛形势时，认为如果中国队与日本队打入团体决赛，中国队最多是把比分拉成4：5。容国团见队员还是有保守思想，害怕洋人，便胸有成竹地说："我认为中国队与日本队打入团体决赛，中国队能以5：4，或者比分还会高一些，这是因为我们已经摸索到日本弧圈球的打法，而且找出了用搓短球快攻制约弧圈球的对策，知彼知己，百战不殆嘛。"大家听了容国团这番鼓舞人心的话，都像吃了一颗定心丸。最后，决定采取两种策略：一是要求队员从思想上不怕打弧圈球；二是训练队员用推挡来对付日本队的弧圈球。成立薛伟初、胡炳权等8人弧圈球小组，专门为主力队员做陪练。这叫做："一物治一物，糯米治木虱。"

在会上，直板快攻手庄则栋受到容国团的启发，不觉心有灵犀，他像容国团一样学会了独立思考。他暂时舍弃模拟弧圈球的练习，暗自练一种对付日本弧圈球的独特招数，即首先发一个近网的小球，使对方第一板无法拉弧圈球，把对方引入台内，球过来后，就施展强攻，对方即使也送来一个小球，仍要在台内弹、拨、抢攻。将对方的球引上来，再打下去，让他无法先拉弧圈球，只能"循规蹈矩"，让对方陪着比速度、比对攻，而且还能做到对台内、台外、右角、左角、上旋、下旋、提拉等球，都有能力去弹、拨、抢攻。他确定了这个内容之后，在训练中对每个球的得失都做了统计、分析，找出问题加以纠正，体会球性，慢慢地球在板下就渐渐顺了，并会得心应手。庄则栋的这个主意，结合容国团等人的融会贯通，后来就成为在第二十六届世界乒乓球锦标赛专门对付日本队的一种有效手段。

 # 人生能有几次搏

1961 年 4 月，祖国的首都北京，张开宽阔的怀抱，迎接了来自五大洲的 243 名乒乓球优秀运动员。4 月 5 日，第二十六届世界乒乓球锦标赛的序幕正式揭开了。在辉煌的北京工人体育馆里，每天都坐满了热情的观众，争相观看各国的优秀选手们进行的各场球赛。

经过几天的激烈角逐，强与弱开始浮现眼前。中国乒乓球男队以压倒性的技术，连胜八场，顺利地取得了团体赛小组的第一名。这时，日本队和匈牙利队也同样以全胜的战绩获得另外两个小组的出线权，形成了三足鼎立的局面。根据竞赛的规程，中、日、匈这三个小组的第一名将要进行循环比赛，分出冠、亚、季军。

4月9日上午，一场争魁夺冠的逐鹿开始了，首战中国队对匈牙利队。上届比赛中国队在团体赛上败在匈牙利队拍下，提前"退休"，今日狭路相逢，分外眼红。

所谓"败棋亦有胜着"，上届匈牙利队赢就赢在别尔切克身上，他一个人就拿了中国队三分。傅其芳扬长避短，把主攻别尔切克的任务重托给徐寅生和庄则栋。

果然一交手，中国队以7：2的大比分，战胜匈牙利队，向着斯韦思林杯逼近。之后，日本队又一脚把匈牙利队踢出决赛局，这就形成了历史上第一次由东亚国家争冠的新局面。

4月9日晚7时，北京工人体育馆坐满了1.5万多中外观众，他们的情绪随着战况的白热化，达到了5天来的最高潮。全国亿万人民也在收音机旁、电视机旁，收听、收看着现场转播，等待着世界冠军的诞生。

日本队早在比赛之前就誓师卫冕。总教练长谷川喜太郎的战略思想也是要把主力和精力集中在夺取男、女团体冠军上。日本队教练兼运动员荻村伊智郎也说："团体赛最能表现一个国家乒乓球队的实力，是最荣誉的事，我们尽最大力量去争取这项冠军。"而上届团体冠军的主力成员，被人誉为"凶猛的雄狮"的星野展弥，在比赛前的记者招待会上大言不惭地说："对中国队决赛时，我要拿下三分！"

晚上7时25分，当扩音器播出了"中国和日本争夺第二十六届世界乒乓球锦标赛男子团体冠军的比赛，马上开始。中国男子队出场的是庄则栋、日本男子队的是星野展弥……"的时候，人们立即平静下来，屏息静气地注视着球赛的发展。

比赛开始了，庄则栋一上阵就把自己苦心孤诣用脑汁和汗水浇铸成的独特战术拿了出来，果然抢在对手的前头，迫使星野展弥陪着他比快攻，还居然取得了成功，轻取了第一局。但星野展弥不愧是名将，第二局，他那武士般矫健有力的身段，频频拉出了怪异的弧圈球，这个法宝果然厉害，庄则栋确实有些招架不住，比分18：20星野展弥领先，庄则栋的防线眼看着将要被冲垮。看着星野展弥在场上凶猛、剽悍的气势，他明白若自己再稍微动摇，必将前功尽弃。庄则栋清醒地知道，上一局自己的近攻打法已被证明是唯一能克制对手的有力手段，现在必须再坚持这种打法。他采取拼、抢、杀的硬朗功夫，结果连攻四个球，竟板板击中，连得四分，终以22：20取胜，为中国队开了个好头。全场掌声如翻江倒海，令人振奋。

　　可是在第二盘，徐寅生未能制伏擅长拉一手又凶又狠的上旋弧圈球的"烈性黑马"木村兴治，被日本队扳回一分。第三盘轮到容国团与五年前自己曾经打败过的荻村伊智郎对阵，两位世界冠军的出现，立即引起了人们热烈的掌声。两人都以足智多谋、技术全面著称，在交战中，忽而对搓，忽而对攻，忽而推挡，变化多端。容国团力求打得稳，不敢大胆抢杀，谁知稳打正是日本选手的特长，荻村伊智郎应付得很顺利，而容国团失误很多，结果两局都在17平以后，容国团连连失球，都是以19：21败北。场上比分2：1，日本队领先了。这使场上观众的心像注了铅一样直往下沉。体育馆内时而人声沸腾，即使坐在自己身旁的人大声喊叫也听不清楚；时而又静若空谷，即使是绣花针落地也会觉得声音震人。

　　第四盘由徐寅生出战星野展弥，第一局败下阵来。这时教练和运动员更加心旌如悬，傅其芳的手心也湿漉漉地发黏了，他把点燃的大半截香烟丢落地上，狠狠踩上一脚。但徐寅生不愧有大将风范，虽败不馁，精神抖擞地继续投入战斗。星野展弥吸取了木村兴治拉上旋弧圈球战胜徐寅生的经验，使徐寅生打起来颇感棘手，但徐寅生刁滑的球路，也使反手弱点很大的星野展弥穷于应付。各胜一局以后，第三局徐寅生仍一板紧似一板地不容星野展弥有喘息机会。到了20：18领先时，他发动猛烈进攻，星野拼死抵抗，退后放出一丈多高的旋转球，徐寅生侧身一记凶狠扣杀，看来这是一个无法挽救的高球，却不料星野展弥飞扑过来，将球拍一磕，送了一个带上旋的高球，徐寅生迅速移动步法，看准来球又是一个重板，却又被星野展弥放了一个更高的球，他用尽全身气力，跳了起来，又一扳扣杀，又被弹了回来，他每杀一板，观众都异口同声叫"杀"。只见5板、8板、11板，一道道带弧线的白光落到了徐寅生的台面后又炸开了，徐寅生又以一记泰山压顶的重板扣下，星野展弥退守救球出界，裁判员翻出了21：18的记分。这时，看台上欢声雷动，观众都为中国队获得这关键性的一分而高兴。星野展弥挨了这重重的十二大板之后，主梁骨走了真魂，失去了信心，在第三局很快败下阵来。第五盘庄则栋又以快刀斩乱麻的攻势战胜了获村伊智郎，使中国队以3：2再度领先。但是第六盘，容国团又被左手握直板的木村兴治这颗暗雷炸了。3：3，中日双方三度出现平局。

此时，坐在主席台上的董必武等老人再也承受不住赛场上令人窒息的紧张空气。医务人员走过来，请他们到休息室"回避"。可是，他们到休息室看不见比赛，反而更加着急。贺龙很理解他们的心情，便台前台后来回奔跑，不断向他们通报战况，成了"通讯员"。

容国团连输两盘之后，一时间又悔又恨，莫名所以，信心大受影响，究竟与星野展弥进行第八场的比赛能否获胜，心里没有一点把握。他低着头走回休息室，双眼淌着泪花，邱钟惠进去见了就问："怎么啦，平常可没有见你掉泪的！"容国团见面前是一个飒爽英姿的女同胞，不好意思地擦掉眼泪，沉吟说："今天可不比平常啊！"他想了一会儿，用一句广东话说：

"下一场对星野展弥，他输了两场，负担比我还重，水兵对水手——水对水呀，看谁更水啦（水是差的意思）。"

"那下一场你准备怎么办？"

"人生能有几次搏，此时不搏更待何时！"这是容国团发自内心的呐喊。

这时，国家体委副主任荣高棠、北京市体委副主任林毅忠和领队张钧汉走了过来，他们认为容国团所负的两场，是没有建立起"敢于胜利，善于斗争"的正确思想和方法，被动防御的思想超过了主动进攻的思想。张钧汉对容国团说："你也别推挡了，像小庄一样用反手攻嘛！"容国团低沉地说："他那个技术我不会啊。"刚赢了荻村伊智郎的庄则栋也走了进来，接过话茬说："你别气馁，木村兴治和荻村伊智郎是难打，徐寅生也输给了木村兴治。可是我看星野展弥好打，他输了两分，信心也下去了。"荣高棠却很坚决地对容国团说："你一定要敢打，敢打即胜，不敢打就输。"领导和队友的忠告，给了容国团很大的启发和力量。他抬起头，果敢地说："第八场我一定把星野展弥拼下来。"容国团振作精神，走出了休息室。只见大厅继续进行第七盘的比赛，那"乒乒乓乓"清脆的击球声，声声敲击着容国团的心弦，这根弦绷得实在太紧了。当徐寅生以悬殊比分打败了荻村伊治郎时，场上又响起了雷鸣般的掌声。中国队又以4∶3领先了。容国团不禁精神为之一振，他想道："形势对自己非常有利，只要打好这一场仗，全队就得胜利了。"他的信心和勇气大大地增加了，他开始整装待发。

夺取斯韦思林杯

☆☆☆☆☆

　　一直担心容国团竞技状态的傅其芳对坐在他身旁的教练梁友能说："容国团就要上场了，你是他的老乡，鼓励一下他吧。"梁有能皱着眉头，起身走到容国团身边，郑重地说："容国团，现在还有一分，你要放开手脚打呀，即使输了，后面还有庄则栋压阵。"这句话给容国团刺激很大，因为庄则栋赢了两分，而他却输了两分，反差实在太大了。容国团抬眼见到梁友能带着一种怀疑的目光，不禁撩起了斗志，他拨了一下掉在额前的头发，坚定地说："我明白了，你放心吧! 下一场我一定把星野展弥拼下来。"

　　说实话，很多运动员一般在输了两分之后，精神都会垮的。如后来的世界冠军梁戈亮，在 1973 年和 1979 年的两次世界大赛里，都是丢失了两分之后，就精神崩溃，结果连输三分。

　　过了一会儿，容国团和星野展弥在热烈的掌声中上阵了。现在两队的胜负，很大程度系在这两人身上。然而，星野展弥连败两场之后，自感已无退路，只有拼死一搏，思想压力没有了，手脚也放松了。他一上场就打得很出色，以正手进攻压住容国团的抽击，确是困兽可畏。但容国团雄风抖擞，他掐住了星野展弥反手较弱的软肋，施以凶狠而刁钻的搓球压住星野展弥连珠炮的进攻。第一局以 21∶15 取胜。第二局却出现了拉锯战，一直到 17 平以后，容国团才一气呵成，连得 3 分，以 20∶17 占了优势。"狗急跳墙"的星野展弥也意识到：如果掉了这一分，就等于白白将手上的斯韦思林杯送给中国，他当然不愿意就此交出来。这时，容国团发了一个又急又旋的短球，星野展弥扑上去救起，吊来一个软绵绵的近网高球。此刻，如果容国团一板打死，就可以定乾坤了。但形势戏剧性地发生了变化，容国团因求胜心切，轮起大臂，猛力一挥，谁知用力过猛，竟打出界外。那些正准备冲出来和他握手祝贺的教练、队友，不禁嘘了一声，心情一下低落下来。此后，容国团心有不甘，伺机再施杀手，星野展弥舍身救回，容国团即把球轻放网前，星野展弥又赶回救起，再猛杀下去，星野展弥仓促冲出，又被挡回，容国团再放短球，谁知竟落在网里。接着，容国团又连连失误，反被对手扳回一局。

在胜负的关键时刻，广大观众都万分着急，一些对容国团打团体赛持有异议的人，更认为用容国团是错误，恐怕要"砸锅"。这时候，领队张钧汉的心头咚咚地跳，他悄悄走过来，对庄则栋说："小庄，准备决赛！"

"我有信心！决赛我能发挥出水平来！"说完，庄则栋去做热身运动。

原来，在中国队与日本队决赛的人选问题上，一直存在意见分歧，不少人认为容国团因为背了世界冠军的包袱，思想负担较重，且最近集训时的身体状况不佳，水平有所下降，加上日本队的"弧圈球"威力甚大，容国团过去惯常的打法未必能适应，主张不用他，而主张用对付攻球又凶又稳、有一股子拼劲的李富荣。深谋远虑的傅其芳则有不同的见解，他揣透了容国团的心理状况，知道这个世界冠军虽有不利的一面，却更有强烈的责任心和荣誉感。他相信容国团一定不负众望，所以，坚决主张容国团出战日本队。

应该说，对使用容国团持异议的人也是有道理的。所谓具体问题作具体分析。容国团这一役对日本队，不是已经连丢了两分吗。即使他现在扳回一分，也是输多胜少。从纯技术角度来考虑，出李富荣可能真的比出容国团要好些，心里踏实些。但这些当时敢于直言的同志也许忽略了一个事实，那就是容国团是新鲜出炉的单打世界冠军，他的一举一动，无不牵动万千球迷的心，不能目睹容国团的风采，整个比赛就好像少了些什么，总让人感到不舒服。况且如果中国队在容国团缺阵的情况下输了球，观众又会怎么看呢? 正是在这种特殊的背景下，除非容国团自己放弃，否则无人能阻挠他出赛。

事物有正反两面。现在战局正处于危乱之中，有人几乎公开责怪傅其芳了。但是傅其芳硬撑着，他懂得在运动员因情绪急躁而失误的时候，是冷静鼓励，还是埋怨指责，这是关系到战局变化的一个重要因素。于是他用宽慰的目光把容国团迎过来，亲切地拍拍他的肩膀，示意他胜星野展弥是有把握的，要沉住气，并在战术上给他作了具体指导。

第三局，容国团又上阵了，他很镇静，采用搓短球与星野展弥对"磨",打得很沉稳,他发球,推挡,再推一板,第三板又推过去了,小小的银球,此时似有千斤重,这个分量也同样落在星野展弥身上。18：12、19：14,当容国团积分节节上升,眼看胜券在握时,谁知他又连续推挡落网、出界,连失3分,记分牌赫然出现19：17这个比分。观众都在担心,会不会重演第二局的覆辙?体育馆里一万多双眼睛都在提心吊胆地望着那只在墨绿色球桌上往来飞舞的小球,注视着它每一个微小的变化。当容国团以20：18领先时,场上的观众都站起来,大声喊:"不能让第二局重演,容国团,咬住啊!""咬住!"容国团也这样叮嘱自己。对这关键性的一个球,他显得非常冷静。这时,星野展弥发球,

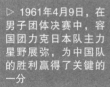

▷ 1961年4月9日,在男子团体决赛中,容国团力克日本队主力星野展弥,为中国队的胜利赢得了关键的一分

见容国团把球推过来，便侧身在左角轮起大臂，用全身力量扣杀下去，球又急又重，观众的心都不禁为之一紧，容国团眼明手快，用板一挡，正好把球挡回对方桌上，星野展弥以为这一重杀了得，猝不及防，只好搓一板过渡。容国团见机会难逢，跃起瘦长的身体，奋力一挥，"啪"的一声杀个正着，球离台远远飞去。这时，场上响起了像炸弹爆炸一样响亮的欢呼声，有些人举起双手跳起来，欢声刚落，星野展弥退回扑救，一下"弧圈形"上旋球拉到网里，又是一阵欢呼："我们胜利了! 胜利了!"全场观众为之欢呼雀跃，狂喜不禁。此刻，容国团也兴奋得跳了起来，他终于为中国第一次夺取世界乒乓球男子团体冠军划上一个完满的句号。

一些西方人士说："中国结束了50年代日本称霸乒坛的地位，中国队执掌了世界乒乓球运动的牛耳。""这是世界乒乓球运动的一个转折点。中国乒乓球技术带来了一次革命，显示了新方向。"还有一些外国通讯社在电讯中评论说："各国运动员对越打越有精神的中国运动员束手无策。""从运动场上看到中国人民十分坚决，充满信心，是不可战胜的。"

中国队夺得男子团体冠军的消息，像春风一样吹拂着亿万人民的心扉，大家无不为之欢喜若狂。鞭炮声、欢笑声与欢庆胜利的干杯声交织在一起。多少人拍红了手掌，喊哑了嗓子，流出了热泪。

比赛刚刚结束，容国团被无数人团团围住，握手、拥抱、道贺，应接不暇。体育馆所有灯光顿时全部放亮，照得馆内如同白昼，军乐队奏起雄壮的《进行曲》。在经久不息的热烈掌声和闪光灯的闪烁中，傅其芳和容国团、徐寅生、庄则栋、李富荣、王传耀等五名功臣列队登上领奖台。当国际乒联主席蒙塔古把斯韦思林杯双手交给傅其芳时，大家举目一看，在这个杯子密密麻麻的外国文字下面，首次赫然刻出了"中华人民共和国"七个字。

随着雄壮激昂的国歌声，一面五星红旗高高升起。啊，国旗，终于又升起来了，这是中国人民的骄傲和自豪啊。更令人振奋的是：容国团在屡次受挫之后，斗志不衰、顽强奋战的精神，也正是中华民族千百年来

▽ 第二十六届世界乒乓球锦标赛，容国团（左四）为中国第一次赢得男子团体冠军起了重要的作用。图为集体胜利祝贺

△ 中国首次夺得乒乓球男子团体世界冠军的功臣：领队张钧汉（右二），教练傅其芳（左三）、梁友能（左一）、姜永宁（右一），运动员容国团（右三）、徐寅生（左四）、庄则栋（右四）、王传耀（右五）、李富荣（左二）

百折不挠、勇往直前的象征，他为了祖国的荣誉，让自己的生命火花又燃烧了一次。

中国男子队取得首次的胜利，大大鼓舞了后来者，邱钟惠受到容国团"人生能有几次搏"这豪言壮语的激励，奋力拼搏，第一个为中国夺得世界乒乓球女子单打冠军，接着，庄则栋又赢得男子单打冠军。

人生第三个辉煌

严师出高徒

★★★★★

国家体委主任贺龙在第二十六届世界乒乓球锦标赛结束后郑重地说："现在我们已成骑虎之势，骑在虎背上，决不能下来！我们要保持清醒的头脑，看清我们的乒乓球已经成为'众矢之的'；决不能掉以轻心。"又说："人，总是要退出历史舞台，主要是把班接好，长江后浪推前浪，世上新人赶旧人，要掌握这个规律。"

中国男队参加第二十七届世界乒乓球锦标赛，战绩辉煌，又一次获得了团体、双打、单打三项冠军。但是，没有容国团的份儿，他参赛战绩不佳，连中国对欧洲的团体半决赛，都不用他上场了。在进入男子单打赛时，领导要求他带个好头，打好比赛。容国团真的很认真地拼，但因步法和基本功差强人意，上阵只有几个回合，就人仰马翻，很快败下阵来。

江郎才尽的容国团，在第二十七届世界乒乓球锦标赛结束之后就退役了。有一段时间，他很消闲，拉马等路干。贺龙元帅不愧为一位伯乐，他很了解容国团，知道他久经沙场，经验丰富，且爱动脑筋，足智多谋，胆略过人，是难得的一员将才，于是安排他到国家乒乓球男子二队当教练。

其实，容国团当年在香港为糊口，曾先后在公民健身会、太古俱乐部、东方戏院、康乐馆等多间俱乐部当过教头，连英国人也曾试图用重金聘请他到英国某俱乐部任教，可谓"拳头上立得人"。当时他只有十八九岁，少年老成，成为香港最年轻的教练。

容国团从到国家乒乓球男子二队当教练这天开始，很严格要求自己，处事认真负责。在教练工作中，既能调动队员训练的积极性，又能及时发现问题和解决问题，有效地提高训练水平。他反对队员盲目模仿自己的技术打法，认为后人总要超过前人，队员完全照教练的样子学，不会有出息，教练完全按自己的样子教，说明没本事。所以他说："必须把自己成功的和别人成功的东西教给运动员。"因此，他力求根据乒乓球运动的发展趋势和队员的实际情况，抓住主要矛盾，为队员指出努力的方向。在他门下，培养出区盛联、周兰荪、于贻泽、王家声等几个得意门生。

容国团与区盛联很早就认识了。1959年12月，全国举办了一个青少年乒乓球选拔赛，甄选一些优秀的青少年球员进入国家队。在广东队选手区盛

△ 1959年5月，容国团夺得世界冠军后进行全国巡回表演。图为他在广州体育馆辅导区盛联

联与河北队选手张振海打对抗赛时，容国团和一位广东教练走过来看他们比赛。这时，区盛联由于精神紧张，不适应对方削追身球，一连输了两局。休息时，区盛联垂头丧气地走到教练面前接受指导。教练瞥了一眼身边的容国团，笑笑说："容国团，你有何高见？"容国团像军师似的，分析了这场球赛，认为双方打法都是擅长搓攻，对方是打削球，区盛联是直板攻球，一个矛，一个盾，必须避实击虚，用他的拉攻长处打对方不懂削上旋球的短处。他很果断地对区盛联说："我看对方只懂得下旋攻球，他不会接上旋攻球，所以，下一场比赛，你的球全部给我吊起来（打上旋球）打，吊到灯笼这么高也不怕，他不会反攻的，你要坚持啊，一板都不能搓。"

区盛联受到容国团的点拨，像被充满气的皮球，一蹦一跳地上场了。一交战，他就全部采用上旋的拉攻战术，把对方打得一塌糊涂。区盛联打了一会儿，感到很顺手，又忍不住改用搓攻，但一搓球，就被对方连珠炮地扫射过来，无法招架。区盛联去捡球时，回头看看容国团，见他面孔像峭壁一样严峻。区盛联跺了跺脚，下决心贯彻这个不是自己特长的战术，结果又把对方拉得很不耐烦，不是起板攻球出界，就是削球下网，结果，区盛联连赢三局，转败为胜，夺得了全国青少年选拔赛第三名，被选入国家二队并与容国团同住一室。容国团把区盛联当做亲兄弟，关心和爱护他，队里要求很严格，每天都是按部就班——出操、训练、学习、讨论战术，一切安排得有条有理。

"猪仔，快点穿鞋呀，出操啦，不要迟到啊！"容国团每天早上起床总是提醒他。区盛联每听到这个声音，忙不迭跳下床，穿好衣服和鞋子，跟着容国团一起奔向操场。在容国团的悉心培育下，区盛联的技术进步很快，被称为多面手"小容国团"。后来他任广东乒乓球队教练时，采用了容国团这套训练方法，教过直板快攻型打法的、连获第三十八届和第三十九届世界乒乓球锦标赛男子单打冠军的名将江嘉良。

在几个得意门生里，周兰荪为大弟子。他气力大，是"重炮手"，打法凶狠，虽然打球历史比庄则栋、李富荣他们早，但技术不够全面，对外比赛成绩不佳，一度什么都想学，看见这个队员发球抢攻技术好，或那个队员削球反攻技术好，就跃跃欲试，结果他邯郸学步，缘木求鱼，发挥不出个人的特长。有的队员逗他"战略上藐视敌人，战术上也藐视敌人"。容国团对他循循善诱，用自己打球的体会启发周兰荪："我过去打球因为体力差，所以脑子想得比较多，靠用灵活多变的打法巧取对方，而你体力比我好，杀球力量大，应该集中优势，充分发挥你左推右攻的特长，打好实力战，确立自己的独特风格，再据此有目的地去加强薄弱环节，千万不要丢掉特长抓特短，搞得越来越没信心。"

"是啊，我过去老犯这个毛病。"周兰荪得到容国团的指导，方向明确了，信心也加强了。经过几个月的训练，他的技术和战术都有了很大的提高。在 1964 年元旦的一次国内高水平的比赛中，他第一轮仅以 2∶3 负给世界双打冠军怪球"魔术师"张燮林，后以 3∶2 和 3∶1 直取世界单打亚军"轰炸机"李富荣、世界双打冠军"智多星"徐寅生等两名高手。

容国团对周兰荪的出色表现感到很满意，但对他的要求更严格，更一丝不苟。他在周兰荪的训练日记本里是这样批语的："我认为这次比赛从各方面来看，表现是不错的，尤其是虽然输给张燮林后还没有气馁，直取李（富荣）、徐（寅生）两人。对张燮林用持久战的战略是对的，问题是具体战术运用时，突出不够大胆和果断，只有中等力量，而没有重板扣杀，因此，中等力量的作用也就不大了。其次，在相持时，如17平、18平，往往失分，即不够过硬，是否在这个时候，不相信自己，信心不强呢？"

为此，容国团要求周兰荪继续加强体能训练，给他制订出一个训练计划：即星期一、三、五、六早上6时25分至7时20分进行推举、俯卧撑、大哑铃、双臂屈伸的四次上肢力量练习；下午练完球后，进行杠铃的深膝蹲下肢力量练习；运动量逐步有计划增加。他认为："头几天必然会反应较厉害，甚至会影响打球，但这一点一定要坚持下去。"一个星期后，容国团又在他的训练日记本里批道："你说有时候体力不好，注意力不够集中，还会影响训练质量，世界比赛屈指可数，望咬牙坚持，经常以集体事业贡献一切力量为己任……"

在容国团的悉心指导下，周兰荪日有所成，月有进步，技术越来越全面，被称为"实力派"。在参加第二十八届世界乒乓球锦标赛中取得了男子单打季军，终于进入我国最优秀的乒乓球选手行列。后来周兰荪在回忆中感慨地说："我在容国团的指导下，进步很快，他当我们的教练是很难得的，他很聪明，是个天才。"后来，他把容国团生前在他的训练日记本上写的批语，作为经验和方法教学生，获得很好的效果。

容国团在执教期间，很认真地学习国内外军事理论著作和军事史等书籍，并做了详细的笔记心得。对军事方面的知识很宽广，常令人吃惊。有一次出国访问时，容国团同一位意大利人交谈，津津乐道地讲起了意大利民族英雄加里波地，讲到了他打仗时的战略战术，讲到了他的为人品质，使这位意大利人不胜惊讶，感慨地说："你比我这个意大利人更了解他。"

1965年夏，中国大地正酝酿一场史无前例的"文化大革命"，政治学习日益增多，严重干扰队员的技术训练。容国团常以白眼提出无声的抗议。有一次，一位政治理论员来到训练馆找到容国团，通知他参加一天的政治学习。容国团觉得这样天天政治学习，使队员训练的时间越来越少了，发展下去体育运动员就会变成政治运动员了，到时怎么带领这支训练无素的球队去作战啊。他阴沉着脸，对理论员不理不睬，仍然我行我素，投入紧张的教练工作。理论员很懊丧地去找庄家富教练，并打开一本《毛主席语录》要他对照。

"我要抓紧时间训练啊。"庄家富也无可奈何。

"我们要踏踏实实训练，小事情不要理他！"容国团又走了过来，很生气。理论员见讨了个没趣，跑到体委告状去了。

容国团把教练工作作为自己的神圣职责，用自己的汗水浇出一株株体育小苗，使这些小苗得以苗壮成长。

 # 毛泽东点将

★★★★★

从第二十六届世界乒乓球锦标赛后，中国近台快攻和变幻莫测的削球风靡全球，男队连续蝉联两届团体和单打冠军，已执掌了世界乒乓球运动的牛耳。可是，女队却始终徘徊在离巅峰一步之遥的山脊，在第二十七届世界乒乓球锦标赛还从第二名摔落到第三名，被外国人嘲笑"中国女子就是没有参加决赛的资格"。接着在1964年10月的北京国际乒乓球邀请赛中，东道主的中国女队又全军覆没，一败涂地，成为挥之不去的"梦魇"。坐在主席台上的国家体委主任贺龙看了很生气，觉得这样有损中国人的颜面。他用烟斗敲着大腿，十分激动地说："第二十八届男队再拿三个杯子也是交不了差的，女队非要打翻身仗不可！"这时，全国妇联、团中央、教育部也认为在毛主席、共产党的领导下，中国的妇女已翻了身，是半边天，可是中国女子乒乓球队还没有夺取世界团体冠军，挺立于世界民族之强，有折巾帼之威，强烈地提出"女队要翻身！"

但是，许多人都认为女队力量青黄不接，女队教练必须易人。体委领导和教练也很沉重、焦虑，他们感到现在离第二十八届世界乒乓球锦标赛只有四个月了，女队存在的问题很多，除了队员思想保守，士气不高之外，更重要的是教练的水平低，亡羊补牢，找谁去担当这个扭转乾坤的角色呢？人们煞费思量。

这天，中国乒乓球女队的办公室响起一串电话铃声，女队教练孙梅英接过这个电话。

"你们这里是乒乓球女队吗？"话筒里传来一句深厚的男音。

"是啊。"孙梅英一下听出是毛泽东主席打来的电话，差一点以为自己听错了。

"你是谁呀？"

"我是孙梅英。"

"啊，孙梅英同志呀，我正好想找你，你们女队要打翻身仗，应该找容国团同志担任女队主教练嘛，我看他能行！"

"谢谢毛主席！"孙梅英接到这个"最高指示"之后，掩藏不住内心的激动，立刻便向上级汇报了。

原来共和国的最高决策者毛泽东主席也观看了多场比赛，并且还特别注意到了那个曾经是斗志昂扬的男运动员容国团。共和国的缔造者的确伟大，毛泽东几乎一下把准了中国乒乓球女队的病脉，并作出了一个在当时可以认为是异乎寻常的诊断。无可否认的事实是，容国团在接连为祖国取得两项桂冠之后，技术正走下坡路。这里面可能有各种因素，但起决定性的，主要是人体生理的自然规律。特别是运动员，过了高峰期之后，体能比常人消耗得要快。一个人可以当一辈子英雄，但不能当永远的世界冠军。容国团后来在赛场上的力不从心，显然被细心的毛泽东捕捉着了。他老人家或许是一时兴之所至，但他打破了许多条条框框，拨开了笼罩在中国乒乓球女队头上的浓雾。这一功，共和国的体育史上，必将铭刻下庄重的一笔。

一天，女队教练刘兴来到容国团的宿舍，见到容国团正在聚精会神地捧着一本《三国志》阅读，桌上泡着一杯茉莉花茶，左手夹着一支中华牌香烟，悠然自得地吞云吐雾，静若仕女。容国团瞧刘兴进来，知道他无事不登三宝殿，便开言道："刘指导光临，有何贵干？"

"刘备破曹营，三顾茅庐。"

"你夸奖了，鄙人不才，怎敢与诸葛孔明相提并论。"

"你还蒙在鼓里，党委已经研究决定，由你担任女队主教练，带领姑娘们去夺取世界冠军啦！"

"我——"容国团怔住了。他没想到这副艰巨的担子竟会落到自己肩上。这时，他望着桌面摆放的女友黄秀珍微笑的照片，深深地吐出一口浓烟，两条眉毛紧蹙在一起。这位"钦差"刘兴也觉察到容国团的心思，开解说："现在离世锦赛时间很近，任务很重，你的婚姻问题是否可以考虑一下，把婚约推迟一些，待第二十八届世锦赛女队打了翻身仗再饮喜酒。你意见如何呢？"

英雄受命于危难之时，沧海横流，方显英雄本色。容国团一下子热血沸腾起来：人生能有几次搏，能搏此番，胜与负都将脍炙人口。他把烟蒂按在烟灰缸里，站起身来，斩钉截铁地说："既然组织信任我，干！"

后来，容国团知道他去女队当教练是毛泽东主席亲自点的将，激动万分，几乎每个毛孔都喷射出难抑的激情。他想，男队能拿世界冠军，女队为什么不能？他一到女队就憋着这股劲。特别是毛主席对徐寅生在女队的讲话作了批示之后，他更加满怀信心："我的劲头又来了！"

原来，女队接连失败之后，受到社会舆论压力的女队领队向徐寅生告急："人家称你是'智多星'，女队的问题你动动脑筋，出出主意。"

"我身上有痣，脸上也有痣，是'痣多星'啊。"徐寅生打趣地说，玩笑开过之后，他又认真起来："女队问题确实很多，那我就做一次反面教员吧，在你们女队放一把火……"他于是到女队去讲话了。他通过介绍自己打球的体会，一针见血地指出了女队存在思想保守、士气不高、怕洋人、怕教练等许多问题。这个《关于如何打乒乓球》的讲话，充满了唯物辩证法，成为中国乒乓球队学习毛泽东思想的代表作。1965 年 1 月 12 日，贺龙副总理把徐寅生的讲话稿呈送给毛泽东主席，毛主席做了著名的批示："讲话全文充满了辩证唯物论，处处反对唯心主义和任何一种形而上学……他讲的是打球，我们要从那里学习的是理论、政治、文化、军事……小将向老将们挑战了……"周恩来总理把毛主席的批示称作"千军万马的力量"。《人民日报》加编者按语发表了这篇讲话，全国各报刊转载，一时间全国上下掀起了学习辩证法的热潮。女队员们对徐寅生的讲话如获至宝，一遍又一遍地进行学习、讨论和写学习心得，作自我解剖。

女队主教练的委任状下来之后，容国团像韩信治军一样，"受命之日，则忘其家，将军约束，则忘其亲……"他每天蹲在训练场观察队员的特点，详细做笔记，训练后逐个找队员谈话。他多年来少不了的午睡，免了！用来批阅队员们的训练日记；原定 1964 年底结婚的日期向后推迟，颇有不立业不成家的虔诚劲头；元旦、春节，不出去探亲访友了，用来考虑下一阶段的训练计划。平时爱好听音乐、下棋、看电影……全部抛诸脑后，连吉他也挂在墙上积了一层灰。

"秀珍，我很累，今晚不到外面散步好吗？"容国团请求说。

"不去就不去。"黄秀珍没有撒娇。

"秀珍，今天不外出吃饭了，在饭堂吃吧，去打饭啦。"

"打就打啦。"黄秀珍又顺从容国团。

容国团刚到女队，首先向几位女队教练员了解队员的思想和技术情况。他常到孙梅英家里交流思想，交流心得，他还倾听协助他工作的梁友能教练在战略、战术方面的看法。梁友能提出："女队主力直板攻球手李赫男和梁丽珍善于对付欧洲横拍选手，横拍削球手

▽ 1959年，周恩来总理（左）亲切接见容国团

林慧卿和郑敏之适宜对付日本直拍的高手。"容国团听了之后点点头，表示赞同。于是他对这四个主力队员进行重点培养。容国团在负责全面工作时，对技术训练方面作了些分工，他负责指导两个直拍攻球手。梁友能负责两个横拍守球手，互相合作，十分协调。

练球先要练人

★★★★★

有一位领导在女队干部会议上说，一个集体，最危险的就是怕找不出自己的薄弱环节，能够认识缺点，这是进步的开始。容国团听了这番话很受启发。他想，万事开头难，要打好女队的翻身仗，首先要解决队里的思想问题。然而做女队员的思想工作不同男队员，一般男队员只要把问题指出来就行了。而女队员就要把问题多讲多说，细致入微，不能浮皮潦草。自从女队连遭挫败之后，姑娘们就自暴自弃起来，认为自己是有娘生没娘养的孩子，体委的精力都放到男队身上了，她们不过是摆设的花瓶。在打比赛时，一些队员要看教练的脸色，没有独立性。因此，她们练球时一不称意，就劈里啪啦地乱打一通，有时甚至大发脾气，责骂教练不看她们打球。一些教练对姑娘们也无可奈何，认为"唯女人与小人难养也"。有的即训斥她们"笨蛋"。容国团也经常受姑娘们的气。有一次，他指导郑敏之练反攻技术，这个18岁的小姑娘天性倔强、任性。当练习削球不顺手时，就使劲"啪"的一声，把球打出台外老远，跟着又把球拍摔到桌面上大发脾气，好像一匹没笼头的驹，放纵驰荡。容国团一看，肺都气炸了，这分明是对教练不尊重。他脾气也很大，真想冲过去狠狠捆她一记耳光，但一想到她还是个小姑娘，而且重任在肩，就强抑住激怒的情绪，很和善地走过去，平心静气地说："小燕子（郑敏之的外号）呀，你的脾气要改，如果再不改，出场比赛就会影响你的技术发挥。"他见她低着头没有吭声，又激将地说："你有气，为什么不用到赢外国人的身上去呢？"

"人家都说沾了女队的边就是输。"郑敏之嘟着嘴说泄气话。容国团知道她好胜心强，赞美她说："本来嘛，你倔强的个性是很好的，但是要将这个优点发挥在为祖国的荣誉拼搏上啊。"

这些话若是出自一般的教练之口，可能并不发生作用，因为他们有时看到队员有缺点，就说得一无是处，甚至把人瞧扁了，使受训者不服气，但队员有点成绩却又过于夸大。可现在说这话的是容国团，且他不摆世界冠军的架子，对自己的无礼采取宽容的态度。小姑娘不敢造次了，她侧着头，细心品味容国团的话，觉得他说话比较中肯，头脑渐渐清晰起来。是呀，她这么做，明显看是和教练过不去，暗里却是和自己过不去。她想当世界冠军想疯了，这种情绪一直没有很好地得到宣泄，就把气撒在教练身上，弄得两败俱伤，真是太不应该了。接着，容国团拿着球拍示意要和她上场练球，郑敏之一下子回过神来，很乐意地接受教练的指导。以后她在球网上挂了一块专门用来激励自己的类似座右铭的牌子，上书："今天不要急躁！""今天我要练意志！""翻身大事忘了没有？"以督促自己。

从这件事开始，容国团觉得，教练要教好技术，首先得教育好人，只有这样才能调动队员的主观能动性。他在小组会上指出："人家说'沾了女队的边就是输'，但我认为'巾帼不让须眉'，本来女队的实力不比日本队差，缺的是誓夺冠军的志气。"他把自己夺取世界冠军的成功经验和失败教训告诉她们，鼓励她们："世界冠军不是高不可攀的，我们虽然屡遭失败，但是只要有雄心壮志，破除迷信，经过艰苦的努力，一定能够达到胜利的目的。《孙子兵法》说'哀兵必胜'嘛。"姑娘们听后很受鼓舞。在工作方法上，容国团采用"一把钥匙开一把锁"的办法，找主力队员个别谈心。

梁丽珍16岁从广东进入国家队，说话声音甜脆，人称"小黄莺"，她打球很聪明、很"鬼"，但在关键时刻常常缩手缩脚。20平以后就打住了，不敢再打进攻球，受了教练的批评以后，走向另一个极端——见球就攻。容国团毫不客气地指出："现在你这样练球应付我是没有用的，我能原谅你，但国家和人民能原谅你吗？"接着他对症下药："你主要还没有抛掉个人患得患失情绪，关键时刻不敢放开手脚进攻，打出水平。"他见梁丽珍点头，似有悔意，又启发她说："本来嘛，我们从事乒乓球运动以后，已把青春献给了祖国的体育事业，如果我们不敢去夺世界冠军，那真是一件终身抱憾的事，人生能有几次搏呢？"梁丽珍听了，觉得他的话在情在理，像甘露一般沁入自己的心田。

梁丽珍后来在训练日记上写道："我要做一个有用的人，不要做饭桶，不拿世界冠军，今生不放下球拍！"她还特意和李赫男用白锡纸做了一个考比伦杯放在宿舍的书桌上，让大家都来看。谁在练球不顺手、不称心、不刻苦或想怄气时，只要看看这只小奖杯，就会想到重任在肩，不再放纵自己一时的意气了。

在进入紧张的训练期间，容国团始终不放松对队员的严格要求。当他发现队员有时训练不够认真，就很不客气地严厉提醒："打球为了什么，翻不翻身。"如果提醒一次、两次、三次仍不能解决问题，他就发出最后通牒："注意，你这样下去不能肩负重任，因为你不把国家荣誉放在心上。"这叫做"事不过三"，他的话掷地有声，既推心置腹，又是金玉良言，谁都不敢不听他的号令。

有一次，容国团看到李赫男训练态度不够严肃，打得痛快了，就满场哈哈大笑起来。"李赫男，你疯了，这里是什么地方，严肃一点。"容国团立即过去严厉批评了她一顿，不留半点情面。李赫男第一次受到这样严厉的批评，刷地红了脸。此后，她在训练中稍一放松，容国团那副严厉的面孔和带刺激性的语言就迸出来警告她。后来她自己坦然说："我并不是单纯因为怕他，主要还是认为他讲得对。他若是轻描淡写地说，我也许不在乎，他说得重，我的印象才深，改起来才快，我一直在内心感谢他对我的批评，使我头脑清醒了，训练认真了。"

李赫男是中国第一个能拉弧圈球的女选手，她擅长两面攻球，颇爱好文学，有点"女秀才"的味道。她性情柔弱，胆子较小，比赛碰到下旋球，就不敢果断反手起板。容国团看到她这个弱点，便有意识地去培养她的勇敢精神。他了解到她最怕游泳，就偏要她到游泳池学游泳。当她走到池边，俯见清澈的水波，双腿就发软，好像要她跳进万丈深渊似的，怎么也没有勇气往下跳。容国团见她犹豫不决，立即下命令："跳呀，现在是看你敢不敢冲破这道夺魁的关隘了。"李赫男一听，顿时鼓足勇气，紧闭双眼，硬着头皮"扑通"一声，终于跳下寒冷刺骨的水里去了。就这样，她慢慢学会了游泳，并且能游上千米，大大增强了她的意志力和体魄。

在比赛过程中，有的队员开局好，结局差，关键时刻手软拿不下，容国团便给队员讲'叶公好龙'的故事。他说："咱们每天讲为祖国争光，真的到了决赛的时候，就在那几分球的争夺，决不能怕！"他还常在练习或队内比赛中突然对队员说："现在就是世界比赛最后三分

▽ 1964年12月，容国团担任国家乒乓球女队主教练。图为容国团（中）和队员李赫男（右一）、郑敏之（右二）、林慧卿（左一）、梁丽珍（左二）在一起

球了!"锻炼队员的实践能力，培养她们敢打敢拼的精神。

由于容国团能揣透每个运动员的性格、脾气、心理状态和思想表现，实事求是地帮助她们解决思想上和技术上的问题，使得他的威信在队员的心中逐渐树立起来了。

强将手下无弱兵

★★★★★

2 月初的北京，春寒料峭，北风呼啸，天空飘落鹅毛似的雪花，给大地披上一层银色的素妆。

天刚拂晓，容国团就带领姑娘们进行做操、跑步的训练。他们冒着刀割般的风雪，在体育场的跑道一圈一圈地奔跑，1000 米、2000 米、5000 米，他好像是一个火车头，引领女队员们这列特快火车奔往世界冠军的终点站。

为了使姑娘们在参加第二十八届世界乒乓球锦标赛之前有更充分的思想准备和技术准备，容国团专门将已回到广东队打球的"小兄弟"区盛联调返北京，给女队员陪练。

"今天你是松崎啊，给我模仿她的打法。"郑敏之向区盛联要求道。

"好啊，就练松崎啦。"

"今天是模仿关正子啊。"

"好呀，就练关正子。"

区盛联尽心尽力地为姑娘们作出无私的奉献，使她们天天都有进步。

与此同时，容国团还特意请来了男队徐寅生、庄则栋、李富荣、张燮林等优秀运动员为女队员们模仿欧洲和日本名将的打法。他们拿起球拍示范，陪同练习，把自己如何从不过硬到过硬的经验，诚恳而详尽地告诉她们，指出打翻身仗必须靠平日一板一板提高技术，一仗一仗锻炼过硬本领，使姑娘们领略到登上世界冠军的宝座，不能挑平坦的路走，必须吃大苦，耐大劳，闯过艰难险阻，才能达到目的。她们最后信心十足地表示："要像容国团说的那样去'搏'，像徐寅生在对女子乒乓球队的讲话中说的那样'豁出去'！"

一些女队员向容国团取经，问他过去打球有什么秘诀，容国团沉思半晌，对姑娘们说："中国有一句古话'将相本无种'，我非生而知之者，苦练和不断研究，是成功之根基也。"

有一次，课余的训练，女队队员们来看男队练球。梁丽珍见庄则栋练得满头大汗，便递过毛巾让他擦汗，请教说："我们最喜欢看你拉削球了，你拉削球像拿着勺在舀水，稳而不漏。你和我们说说窍门，帮助我们打欧洲。"庄则栋笑着说："照我看，一个是先要把球拉稳，再一个是突击对方时要精力集中，选择一种熟悉的旋转下板打，先把自己的球打顺了；不要遇到困难就后退，堵塞自己前进的道路。要在这个时刻，开拓进攻的道路。"大家点着头，开始扎扎实实地练基本功，打得精疲力竭了，看到挂在球网上的鼓动标语"身负重任，为女队翻身而奋斗！""不到长城非好汉！"劲头又来了。

梁丽珍是全队最勤奋的一位姑娘，她身上多处受伤，最累的时候，走路都是拐着的。但是，步法不灵怎么能争取女子翻身？她决心改变这种情况，在练球的时候，向伙伴提出来："你拼命给我送球，打得我越别扭越好。"为了增强腿力，她向举重运动员陈镜开请教，指导她练蹲功、练杠铃，在练习长跑的时候，她总要加多几百米的侧身跑。有时候她练得实在太累了，但是，要过硬就得在这个时候坚持训练到底，她从小包里掏出"身负重任"四个字的小标语牌挂在球网上，自己看看，想想，立即又鼓起了劲头，于是，又在球台旁生龙活虎起来。

在训练场上，挂着一张成绩登记表，记录下每天的计分练习情况，那表格叫做"天天比、场场记"，为的是研究每天的训练情况。李赫男和林慧卿常约定每次训练完之后，加班记分打五局三胜比赛。有一次，林慧卿0：3输给了李赫男，她洗完澡走出了训练房，忽然说："不行，今天输得太惨，咱们进去重赛。"两人又热火朝天地对打起来。有时林慧卿和梁丽珍打比赛，一个把对手当做罗马尼亚队的"亚历山德鲁"，另一个又把对手比做日本队的"深津尚子"，就这样有的放矢，你一分，我一分，各不相让，甚至打到37：35才决出胜负，这样的训练有效地提高了个人独立作战的能力。

作为一个教练员，不但要言教，更重于身教。为了使队员技术过硬，提高训练的质量，容国团不仅认真观看，做笔记，还穿上运动衣和球鞋，亲自拿起球拍，天天陪队员练球。这一方面可以调动队员训练的积极性，另一方面也可以掌握她们的技术情况。他针对她们怕什么，就专门练什么，专打她们"难受"的地方。梁丽珍步法差，他就拼命用攻球打她左右方两大角，直累得她抬腿都困难。他还吸取了日本女排贝冢教练的多球训练方法，加强队员单位时间训练的密度和强度。他每天让队员一练就是上千球次，一直把她们练到接近体力的极限为止。有一个队员叫李莉，她练了一个小时就跑不动了，哭着不想再练。容国团一见，冲着她说："快练！"强迫她继续练上两个小时。姑娘们白天练得非常疲劳，夜里在梦中还在叫"哎呀，传不及"。

容国团虽然平时对姑娘们的训练要求很严格，态度严肃，但是他与队员之间的关系非常融洽，像亲兄妹一样，有说有笑。一次，容国团请任田径教练的未婚妻黄秀珍为队员们练腹肌和速度。姑娘们见黄秀珍架着一副眼镜，开玩笑说："容指导，你说不喜欢女同志戴眼镜的，为什么你还找一个戴眼镜的对象呢？"

"哟，那天晚上跳舞她穿得很漂亮，身材又好，容指导被她迷住了，这叫做'爱屋及乌'嘛。"姑娘们调皮地抿着嘴笑弯了腰。

"毛丫头，少多嘴，快回去训练。"容国团含笑带哄，由黄秀珍指导她们去练习。

容国团很注意发挥队员的特长和优点，很爱惜人才，能够因材施教。他不但视主力队员如掌上明珠，而且把一些技术稍差但很有潜质的队员看成宝贝。有一个打两面攻球的队员叫魏淑萍，是从山西省队选入国家队的，她基本功不太好，别的教练都认为她不是打球的好材料，甚至骂她又蠢又笨，"煤渣打不成墙"。容国团却发现她反手攻球命中率高，威胁甚大，很欣赏她这点技术，鼓励说："黑珍珠（她皮肤较黑）啊，你的侧身正攻球是全女队中最好的。"话虽说得不经意，但大大刺激了魏淑萍，使她感觉自己不再是一只人人唾弃的"丑小鸭"。从此开始注意发挥个人的特长，刻苦用功，进步神速，后来竟成为全国女子团体冠军的主力队员。

容国团既爱兵，也善于用兵。所谓"兵行诡道"，他认为，罗马尼亚和日本这两个强队有的人技术虽好，但都参差不齐，而中国女队虽然技术不够全面，但是有自己的风格，将她们捏成一团，凑成一个班子是可以战胜外国强队的。于是他制订了一套计划，有针对性地对队员进行技术训练。他接受梁有能的建议，把打直拍的梁丽珍、李赫男用来对付欧洲旋转性很强的横拍削球和弧圈球，发挥她们"快、准、狠、变"的技术风格；把打横拍的郑敏之、林慧卿用来对付日本的旋转性很强的直拍快攻和弧圈球，确定"守得稳，削得低，变化强，落点好，进攻准确"的战术原则。

容国团很注意训练方法。他根据李赫男原来的拉高吊弧圈而伺机突击的特点，指导她采取"虚虚实实"的办法，说："当对方注意力比较集中对付你的高吊球时，则用几个前冲打乱对方，然后再回来打自己的特长，如此反复运用，归根到底，最后赢球的还是特长。"于是，李赫男又增加了拉前冲弧圈球的技术训练。林慧卿是打削球反攻的运动员，比赛中她的加转球很有效，可是日本选手吃过她的苦头后，便一个劲稳拉，引她反攻自杀，前任教练在场外指导时，要她"少加转"，林慧卿不接受。而容国团指出她的优势在削，说："位置合适再加转。"当林慧卿反攻丢球时，前任教练责怪她，要她稳削到底，"少攻点"。容国团则说："削出机会再攻，而且要坚决大胆反攻。"这种心理指导对她产生很大的效果。他还在她的训练日记本上批道："既然确定了运用某一套战术或某一种技术，就应相信它，肯定它。如果边运用边怀疑，当然收不到效果，就算优点也会变成缺点的。"容国团全局在胸，多谋善断，用兵不疑，是出色的教练员。林慧卿颇为感慨地说："有了容国团当场外指导，我打球特别有劲儿，信心更足了。"

在临近世界乒乓球锦标赛的一个月，容国团要求每个队员做到每日三省：

"一、是否忘了翻身重任？二、是否依靠党的领导？三、是否勤奋？"要求队员时刻铭记身负为国争光的重任。

 画龙点睛

★★★★★

1965 年 4 月 15 日，在南斯拉夫的卢布尔雅那市新建的蒂沃利公园体育馆，举行了第二十八届世界乒乓球锦标赛。来自五大洲 46 个国家和地区的 366 名选手云集这里，无论是身经百战的沙场老将，还是血气方刚的后起新秀，都将在这个乒坛擂台上一展身手，一决雌雄。

从 4 月 16 日比赛开始，中国女队旗开得胜。容国团选用梁丽珍、李赫男两员直板快攻女将打头阵，技压群芳，一路摧垒拔旗。直至以大比分打败了强敌罗马尼亚队，取得与日本队决赛的资格。

4 月 18 日深夜，在卢布尔雅那市中心的"象"旅馆，住着参加第二十八届世界乒乓球锦标赛的各国代表团。二楼 204 房间的窗口，还亮着灯光。这里就是中国代表团团长荣高棠的住所——也是中国队运筹决策的统帅部。各成员每夜都集中在这间房子里出谋划策。明天就是女子团体决赛了，如何指挥打好这场具有历史性重大意义的"战役"，大家都在紧张地研究讨论女队上场的人选。

在这个剑拔弩张的决战前夕，出场人选是需要缜密选择的。四名女将都有打这一场关键球的实力，但如果从她们临场的思想情绪、技术状态等因素考虑，却令人很难分出高下，若用兵不当，就会差之毫厘而谬以千里。外国专家曾认为："中国女队直板不如日本，横板不如欧洲。"然而，容国团提出的女队以两块横板对付日本决战的方案，已在参赛前为大多数人接受，少数人仍持不同看法。今天，他们看到梁丽珍、李赫男这两块直拍快攻选手战绩奇佳，一路斩将破城，锐不可当，创下了两个3：0、三个2：0的记录，锋芒毕露，咄咄逼人。于是，有人说："梁丽珍和李赫男士气正盛，应该让她们一鼓作气打决赛，如果万一没用这两员大将，输了球谁也担当不起。"

还有人说："林慧卿、郑敏之这两块横拍削球手，从团体赛以来，仅打过一次软仗，战绩平平，而日本女队对付削球的能力是有据可查的，几届欧亚各大洲的削球名将，都成了东洋魔女的刀下鬼。"

也有人分析说："虽然我们的两块直板一直势如破竹，但是这个靶子已经被日本队瞄准了，她们有备而战，正虎视眈眈，严阵以待。"

荣高棠团长坐在沙发上，摸着两腮，认真倾听大家的发言，觉得他们的意见也不失中肯。他呷了一口浓茶，目光停留在旁边的女队主教练容国团身上。这个久经沙场、满腹韬略的前世界冠军，一直默不作声，凝神专注地倾听大家的意见，面部呈现深思的神态。团长很了解他：这位智勇双全的战将，曾在第二十六届世界乒乓球锦标赛争夺男子团体决赛前的会议上，敢于直陈己见，且成竹在胸，认为中国队与日本队交锋，能以5：4取胜。结果还真如他所料——赢了，还打少了一场，以5：3胜出。

"容国团，你有什么意见？"荣高棠放下茶杯问道。

这时，人们都把目光集中到容国团身上。容国团望望大家，坦然地说："战地之间，兵不厌诈，我主张出两块横拍去打日本队，这是谋划已久的，中国的横拍与欧洲的横拍有相同之处，也有自己独特的风格，日本人不一定能够适应。尤其是我们的两块直拍连战皆捷，声威大震，更使对方难于猜测到我们的出场人选。所以，奇兵突袭，才是上策。"一席话，使大家都觉得出一对横拍，可以兼有技术上和心理上两种优势。荣高棠满意地点了点头，断然地说："决定出一对横拍，这个风险值得冒! 我们要敢于冒风险去夺取胜利。"容国团轻轻舒了一口气。此刻，他用钢笔在秩序册上勾画了一会儿，然后把笔一搁，递给了坐在他身旁的总教练傅其芳，微笑着说："看，这就是阵势。"傅其芳以为他已排出了决赛出场名单，征求他的意见，接来一瞧，忍不住大笑起来，笑得大家都莫名其妙，好奇地凑过来看。原来秩序册上画的是一条龙，"梁"、"李"二字横贯龙身上，龙头两侧分别写"林"、"郑"二字。傅其芳啧啧称赞说："啊! 由梁丽珍、李赫男画龙，由林慧卿、郑敏之来点睛，真是妙极了，哈哈哈。"大家也会心地跟着笑了起来。正在这时，贺龙副总理发来了贺电："……希望你们敢打敢拼，再接再厉，争取更大的胜利。"大家看到了这份电报，很受鼓舞。

在参加决赛这天傍晚，大家一起去吃晚饭。林慧卿端着菜汤边喝边思考当晚的决战。蓦地，男队队员王志良向她扔来一个橘子。没有扔准，橘子落在桌子上，滚滚而来，快要下去时，林慧卿立即用盆子接住了，但是橘子溅起来的菜汤弄脏了她的衣服。她一屁股坐在板凳上，扭过身，很不高兴，嘴撅得能拴毛驴。坐在一旁的徐寅生见状，生怕影响她的比赛情绪，打诨说："阿林，今晚考比伦杯最后还是接住了。"林慧卿听了这句"吉利"的俏皮话，"扑哧"一声笑得忍不住喷饭，连很为卿姐的情绪担心的郑敏之也捧腹大笑起来。"去! 去! 去! "林慧卿表面责怪，心里却是甜丝丝的。

这时，容国团指导向她们走了过来，像战场上的指挥官，直伸右臂，目视前方，吊高嗓子说："今晚打决赛了，小燕子和阿林已经冲上去了，前面的障碍已经排除了，我们最后的一个堡垒是一定能够拿下来的。"

"今晚打决赛要注意些什么？"林慧卿问。

"重要的是大胆沉着，思想高度集中，既要有每球必争、寸土不让的勇毅，又要有不过分计较一城一池得失的精神。"

林慧卿和郑敏之听后，感到心中踏实多了。

 # 图穷匕现

★★★★★

4月19日晚，一辆大客车载着参加男女团体决赛的中国队员，从旅馆直驶蒂沃利体育馆。沿途，大家豪情满怀，一路高歌：

我们朝着一个理想进军，

胜利一定属于我们。

……

坚决为翻身而奋斗，

实现誓言就在今天！

在进入巅峰时刻，容国团又向姑娘们打气："无限风光在险峰，现在问鼎桂冠只有一步之遥了，我们要勇猛精进，敢于登上世界的高峰。"

比赛前10分钟，中、日两国运动员举行入场仪式，国际赛委会向观众介绍了中、日两国运动员。

一万多名球迷都特别留意中国出场的人选，看她们能否像击溃欧洲球队那样干净利落地击败东洋"魔女"。

抽签排阵，日本队获得主队之便，他们把关正子放在主要的位置上，深津尚子排辅；中国队则以郑敏之为先锋，林慧卿列为主将。当排阵名单公布之后，许多观众为之不解。一些外国专家更对中国队选用两名横拍手感到不可思议，而有的专家则预料中国出秘密武器将会有一番奇景出现。日本队教练为之打了个冷噤，他知道自己的队员就怕这两块横板，原先总带着侥幸的心理，估计中国队不会把节节胜利的直拍快攻手撤下，岂料中国队瞒天过海，兵行险着，一下子打乱了日本队的部署，日本队不得不仓促应战。

当郑敏之临上场时，林慧卿像姐姐般叮嘱说："小燕子，养兵千日，用兵一时，我们平时流了那么多血汗，也是为了打好这场重要比赛，遇到困难时，你千万不能发急，一定要镇定。"郑敏之点着头，伸过手来，让她看贴在手腕上一块一寸见方的胶布，那上面写着"勇敢果断，顽强到底"八个字。郑敏之解释说："我怕用钢笔写在手上被汗水冲擦掉看不清楚，就想了这个办法。"林慧卿笑着拍了一下郑敏之的肩膀，说："好，祝你这位先锋旗开得胜！"

当郑敏之一出场，顿时言论哗然。

"为什么中国队不出两个常胜将军的直拍手？"

"我们欧洲是横板的鼻祖，尚且不是日本的对手，你们中国的横板能赢吗？"

首场开始，关正子首先获得发球权。她那攻球凶狠、准确的看家本领却在郑敏之的刁钻、稳削的面前分崩瓦解了。她于是放慢了进攻的速度，一个球拉十板，甚至几十板，以罕见的"韧"比高低。但郑敏之却像一根吹不断的柳条，耐心地与她磨。这时，南斯拉夫的裁判员不知是有心还是无意，竟然两次翻分错误，把郑敏之的得分加在关正子的记分牌上。坐在场外的容国团开始有些担心起来，怕郑敏之遇到这种不利情况会产生急躁情绪。但只见小燕子仍然沉着应战，不时以低而刁钻的削球弄得关正子心烦意乱，左右奔跑。比分一下拉开到 13 : 7。关正子企图通过发球抢攻和突击挽回劣势，郑敏之不改初衷，仍坚守阵地，救起了一个又一个险球，使比分越拉越远，终于以 21 : 11 的大比分赢了第一局。

第二局，关正子仍很谨慎地坚持"持久战"，并改用多拉少扣伺机突击的办法，以 17 : 14 领先。郑敏之不甘落后，顽强拼搏，一气追到 18 : 20，最后因削球出界输了这一局。可是，郑敏之这种穷追猛打的拼劲已使关正子有些害怕了。在决胜局中，郑敏之斗志高昂，以严密防守、主动出击来打乱对方的稳扎稳打的战术，最后辗盘砸辗砣地以 21 : 12 赢了第三局。

霎时间，比赛大厅人声鼎沸，全场的掌声如惊雷动地，打破了刚才的寂静。原来一边倒向日本队的观众开始分化了，有些人认为中国队的奇兵突袭，可能会创造奇迹，最终会以 3 : 2 取胜；更多的人则认为日本队首战失利，只不过是蝉联世界冠军道路上的一段小插曲，中国队不过侥幸尝到一点甜头罢了。

第二场，林慧卿对深津尚子。在前一年的北京邀请赛中，林慧卿以接近的比分败于对手，彼此是势均力敌的一对冤家，现在又狭路相逢。临出场，裁判员请林慧卿把毛巾拿到记分台上，以备比赛中擦汗用。林慧卿早已摩拳擦掌，爽快地说："用不着！"立刻蹦跳着出场了。

果然，双方一交手，就相持不下。比分一直交替上升，处于胶着状态。当林慧卿以 14 : 16 落后时，仍然很冷静，她采用了削球低转、伺机抢攻的战术，一分一分地争回来，以21∶16胜了第一局。后来又被深津尚子扳回了一局。

此时，一位外国记者自作聪明地预先写好一份"日本队蝉联五次世界冠军"的报道，准备在比赛一完就抢先发表；但当林慧卿取得第三局胜利时，这位记者咬咬笔头，思考一会儿，立即又重新描写："日本攻球选手，虽然像小狮子那么勇猛，然而面临着冲不破的软绵绵的网，无法施展力量了，她们在不知所措中失败了。"笔锋一转，又称颂："中国女将削球如风吹杨柳，百摇不断，她们神奇的防守简直令人难以置信，由这种卓越的守球艺术所获得的胜利是当之无愧的。"

林慧卿战胜了日本队的后起之秀深津尚子，胜利在望，但不等于胜利在握。郑敏之对林慧卿说："现在我们是2∶0领先，但一点不能放松，要当0∶2来打，直到最后一个21分到手为止。"林慧卿铿锵有力地回答："力争3∶0胜，也要准备艰苦作战，打到3∶2。"

双打比赛开始，吃过这两把"软刀"苦头的关正子和深津尚子，按照过去取得胜利的经验，死命稳拉，不敢贸然攻球。但林慧卿、郑敏之士气正旺，她们俩守球如金城汤池，攻球如犁庭扫穴，打得头头是道。比分一路节节领先。日本队见此路不通，改用长抽猛击，但又被两名中国"女魔"的古怪削球堵住了，形成了一道坚不可摧的防线。在最后一局20∶14时，关正子面对全线崩溃，显然愕然失措，竟把应由对方发的球紧握手中不放，经裁判提醒才歉意地把球扔出来。可是，这一分球如燕蝠相争，斗了几十个回合，未分胜负。此时，郑敏之见吊来一个又急又旋的高球，扑地如娇燕腾空，居高临下一记重板，"啪"的一声，球击中对方的台面后弹出两丈多远，日本选手防不起来，眼睁睁地看着那只飘飘然的白色小球滚落地上。3：0！中国队以绝对优势击溃了雄踞乒坛冠军宝座八年之久的日本女队。顷刻间，全场欢声雷动。容国团情不自禁地第一个冲上前去，与郑敏之握手，随后又把她紧紧拥抱在怀里。小燕子把脸颊贴在容国团的肩膀，激动得流下了幸福的热泪。接着，队友们都包围住她们，欣喜若狂。"女队翻身了！"摄影记者争着拍下这个具有历史意义的珍贵镜头。

一分钟后，中国女队胜利的消息不胫而走，传遍了全球。

"这是锦标赛的第一颗炸弹。"

"这是头等意义的耸人听闻的事件。"

"这种奇兵突袭的战术震惊了全世界。"

外国通讯社还以"呱呱叫的中国人"为题评论说："中国人这种大胆策略，将在世界乒坛中传为佳话。这一胜利令人信服地看到了旭日东升般的新中国。"

在人们欢呼声中，容国团领着中国女选手们登上了领奖台。他接过考比伦杯，双手把它高高地举过头顶，向鼓掌喝彩的观众表示谢意。旋又转过脸，轻声地对几位姑娘说："我们是世界冠军了！可千万不能骄傲啊！胜利只能成为我们连续攀登的阶梯，绝不能成为往后退的滑梯。"他又吻着奖杯说："今后我们还要连捧它三次，让考比伦杯在北京生根！"姑娘们一齐向他点头，

△ 第二十八届世界乒乓球锦标赛，容国团（中）为中国第一次夺得乒乓球女子团体冠军作出了积极的贡献。图为女子团体赛前三名得奖者：冠军中国队（中），亚军日本队（左），季军英格兰队（右）

她们很懂得这位有过荣获世界冠军经历的老运动员的爱国之心。

正在这时，眉心长着一颗痣、被人称"智多星"的徐寅生，满脸笑容地走到容国团跟前，称赞说："大容，你可谓经历中国乒乓球界'三个第一次'喜事的福将。"容国团开心笑道："智多星，你夸奖了，女队胜利，可有你的一份重大功劳哩。"

超越自我境界

初恋情怀

★★★★★

　　在第二十八届世界乒乓球锦标赛中国女队第一次夺得团体冠军之后，跟着就是容国团和黄秀珍的结婚大喜事，又是一个"双喜临门"。一个人在事业上获得巨大成功的同时，爱情生活亦能够迈向完美，真个是"风流高格调"，难能可贵，容国团在两方面都能如愿以偿。

　　容国团对爱情的准则是：不玩弄情感，不轻易用情，自觉遵从儒家传统的道德观念。其实在他回国不久，还没有夺得世界冠军之前，容国团就成为许多姑娘热衷追求的"白马王子"了。成名之后，更令许多年轻女性明眸善睐，心驰神往。他经常收到姑娘们寄来的或热情洋溢或含情脉脉的求爱信，有些还附上那个时期刚刚兴起的精美的彩色小照，尽管这些信件中好些通篇只谈"工作"，通篇不写一个"爱"字，但字里行间表露的情感仍是昭然若揭。容国团开始有些新鲜好奇，拆开看看，感受个中的喜悦。毕竟是凤求凰啊！但看多了，他就抓着了其中的一些套路，不那么神经兮兮了。这种雪片般寄来的书信，让容国团应接不暇，乒乓球队于是成立一个拆信组，专门为容国团看信。

容国团保持沉默，不给痴心的姑娘们回信，更不赴约，但是热情大方的姑娘们仍不断追求他，表现出无限依恋。她们见写信没有效果，有的干脆就打电话约他外出看电影、跳舞、听音乐、逛公园……有的更登门拜访，一诉衷肠。她们的职业有演员、舞蹈家、音乐家、运动员、医生、教师、大学生、店员……但容国团一概以交朋友可以，谈恋爱免开尊口，委婉谢绝了。

容国团拒绝了姑娘们的追求，偏偏爱上了"门当户对"的也是运动员出身的女孩黄秀珍。

那是 1959 年 4 月 24 日晚，由贺龙元帅倡议，举办了庆贺容国团等中国乒乓球队员凯旋归来的联欢舞会，邀请了各队优秀运动员代表一百多人参加。在这个舞会上，喜欢跳舞的周恩来总理、贺龙副总理等中央领导同志也来了，许多热情美丽的舞伴被吸引过来。周总理一到舞场，就给舞会带来了热烈的气氛，他落落大方，几乎每个舞都不停地一个接着一个地跳，那优雅的舞姿，轻柔的步法，给人一种美的享受。池内，舞影幢幢，一片欢声笑语。

这时，舞会上服饰绮美、艳丽动人的姑娘们，总不时向这位面容端庄、风度倜傥的世界冠军容国团投来敬慕的目光，希望他能邀请自己跳一只舞。但是，对这些姑娘们的频频暗示，容国团好像没有看到和感受到似的。蓦地，他发现对面有一位姑娘，觉得很面善，只见她打扮甚为朴素，身材修长匀称，黑里透红的脸蛋，举止娴雅沉静。她浑身上下无不流露出一种纯朴自然的健康美。这位姑娘正好也向他望来，见到容国团目不转睛地端详自己，像一株被触动了的含羞草，立刻害羞地低下了头。容国团主动向这位梳着普通运动员发型的姑娘走过去，彬彬有礼地伸出右手，躬请她共舞。姑娘感到惊喜，点头同意了。容国团自然地搂着她的腰，攥着她的右手，双双滑出舞池，翩翩起舞。

"请问芳名，从很远的地方来吗？"容国团用普通话问道。

"我姓黄，叫秀珍，是广州人。"姑娘用广东话答。

所谓他乡遇故人。容国团一听到乡音，一下感到双方的距离接近了，也赫然想起，自己以前其实曾经见过她。一问，果然如此，又增加了一些亲切感。容国团想起了那年在广州二沙岛体育馆门口专候自己的这位田径女运动员那娇憨的身影和面容，她的一颦一笑至今还记在脑里，真是人生何处不相逢啊。

"你过去在哪间学校读书？"

"我在广州执信中学读书，小时候父亲死得早，生活很穷，就靠大哥出外打工赚钱抚养我们几姊妹。"

两人一边跳舞一边悄声交谈。当容国团得知姑娘的身世与自己相仿，也是苦孩子时，他轻搂姑娘腰身的手，便多了几分柔情。两个人的舞姿和舞步配合说不上天衣无缝，但在舞池中转完又转，十分恣意，既舒畅又温馨，一直跳到10点钟完场，两人才依依惜别。

他们彼此间并不太熟悉，但都留下了深刻的印象。所谓有缘千里来相会，他们在北京再一次邂逅，无疑造成了某种契机。1959年3月，黄秀珍被选上国家队集训，与容国团同住在北京工人体育场的宿舍大楼，她在4号楼，他在2号楼，近在咫尺。也许因为都是"老广"的缘故，他们从舞会正式认识之后，开始交往，成了无话不谈的好朋友。有一天，容国团到体委医院看病，遇到黄秀珍在外伤科候诊，便关心地问："哎，黄秀珍，你怎么啦？"

"我在跳远训练的时候扭伤了腿。"

"很疼吗？"

"没什么，这种伤痛都是常有的，过几天就会好了。"

"哦——你以后训练时要注意点啊，别把身体弄坏了。"容国团有点怜香惜玉。

这一句知疼着热的话，像一股暖流沁入了少女的情怀。就这样一来二往的，男女间的情愫不知不觉就产生了。这里还应该说明，由于容国团自幼生长在香港，平素都说一口标准的粤语，回归祖国尤其是到了北京之后，见面的人操的都是普通话，容国团尽管也努力学讲国语，但总不那么习惯。

容国团有时会很骄傲，但这恰恰证明他同时又是自卑的人。他不能接受居高临下的训示或带有怜悯性质的安慰话，哪怕转换成情话，也会令他毛骨悚然。容国团需要相互平等的甚至是无遮无拦的交往。这也是许多向他发出求爱信号的姑娘们所始料不及的，所以她们都失败了。尽管这里面不乏各方面都非常优秀和出色的姑娘。

初时，黄秀珍可能还没有意识到未来将要发生的事情，并不把互相的交谊看得那么重。她只觉得容国团为人直率爽朗，谈吐风趣，好接近，又是老乡，无非是一般朋友而已。但人非草木，相处多了，自然也建立了感情。是乡情、友情，还是爱情，黄秀珍心里也把握不住。但她自感是普普通通的姑娘，运动成绩也平平，与从香港回来的世界冠军能配得上吗？

一天晚上，黄秀珍收到由队员捎来的一张纸条，她打开一看，是容国团写的，上面一行小字，既生疏又亲切："请您晚上跳舞。"看着这行字，她有点儿羞涩地低下头，顿觉脸上一阵阵发烫，一股奇异的心潮在翻滚着……可还没等她拿定主意去不去时，容国团已出现在她的眼前。激动中，她牵了一下容国团的衣袖，两人匆匆下了宿舍楼。

"去吗？"容国团的眼睛里燃烧着炽热的火焰。

"哦——"姑娘沉吟了一会儿，抬头看一眼老乡，"今天刚刚训练完，我的腿有些酸痛……"

"那——散散步？"

"好吧。"

他们俩肩并肩沿着马路走了好一会儿，最后便拐进了天坛公园。天坛是当年皇帝祭天的圣地，环境清幽，景致迷人。路的两旁栽种有美人蕉、西番莲、夜来香、鸡冠花……飘溢着馥郁的芳香；一座座举世闻名的雄伟建筑物，掩映在苍松翠柏，槐榆杨柳之中。这对情侣依偎在一条清凉光滑的石板凳上，品尝恋爱的芳醴。

一向在姑娘面前稍显木讷寡言的容国团把心中的激情向姑娘倾诉，当他讲到在香港慈幼学校读书时不参加学校教堂的礼拜，被牧师罚站一个小时，姑娘投以钦敬的目光；讲到父亲失业他不得不辍学当童工，过早染上肺病，姑娘闪着同情的泪花；讲到打败不可一世的世界冠军荻村伊智郎时，姑娘露出了美丽的笑容。容国团望着天上的月光，无限感慨地说："如果没有爸爸这种爱国的思想和他对我的支持，我可能回不到祖国大陆来了，甭说拿世界冠军，连我们都不能在这里相见了。"

这真挚的话让姑娘大为感动，她听到激动处，主动将身体向容国团胸膛上依偎，聆听其热切的心跳声。容国团俯着用鼻子不断嗅着姑娘身上的芳香。刹那间，两人都有一种骨肉相连、血脉相通的触电感觉。黄秀珍含笑地缓缓合上双眼，容国团趁机轻轻用嘴唇吻着女友烫热的双颊。

月儿含羞地躲进了一团云里，璀璨的星星眨动着一颗颗小眼睛。一会儿，月亮又从云团中跳了出来，光芒四射，那些隐藏林间的虫鸟被这骤然降临的光明惊醒，欢乐地歌唱起来。这对情侣手挽手来到"回音壁"，两人拉开距离，附耳音壁，彼此向对方山盟海誓。之后，他们又登上"祈年殿"，祈天保佑他们俩同心永结，比翼齐飞。

"给。"容国团从口袋里掏出一只精致的纪念品，闪光的金属镶边之中，有一幅小巧玲珑的美丽的画片，这是一位外国朋友送给他的。"我转赠给你。"

黄秀珍手捧纪念品，惊喜地凝视着容国团，不好意思接受："这太珍贵了，你应该自己留着纪念。"

"我就是要把最珍贵的……"容国团的话说了半截，脸上掠过一束热切的神情，"……送给你。"

姑娘的心在怦怦直跳。

黄秀珍怀着敬仰的心情，收下了珍贵的礼物。回到宿舍门前，在夜色的月光下，他们俩深情地握别。

 # 快乐的日子

★ ★ ★ ★ ★

容国团的婚恋公开之后，人们都感到大惑不解。不明白他为什么舍弃众多优雅俊美、身份和职业绝对高尚的女青年，单单挑中了论才貌、论背景都一般的黄秀珍。容国团反驳说："单纯一个'靓'字有什么用？能当饭吃么？我要的是贤妻淑女，不是花瓶！"

"容国团，你不是常捧着书看么，书里有一句'秀色可餐'的话到底是什么意思？"有队友促狭说。

"我认为黄秀珍很合我的眼缘，其实她一点不丑陋，广东妹子人都是颧骨高些，皮肤黑些，我几乎对她一见钟情。我觉得她的心比金子还亮堂，生死可托，我很相信缘分！"

话说到这个份儿上，大家一时都作声不得，反倒敬佩容国团的人格和品行了。从香港资本主义花花世界回来的容国团，用一句时髦的话来说，真是"出淤泥而不染"，不是什么登徒浪子。容国团选择这位并不出名、相貌也不出众的女运动员，是相中她的贤惠、朴实和善良。后来的事实也证明他们是一对志同道合的伴侣，他们都以体育为终身事业。在 1959 年 11 月全国冬季田径运动会上，黄秀珍在容国团的鼓励下，一举获得女子跳远第一名。

那时，黄秀珍所在的田径队搬到西郊的北京体育学院，容国团他们仍住在工人体育场。彼此相隔的地方很远，只能每星期相聚一次。他们常常约在星期天上午一起到王府井音乐厅听音乐，去看一场电影，或到王府井全聚德酒家吃一顿有名的北京烤鸭，或聚谈一番。下午就匆匆各自回驻地。但他们每一次的相会，都是快乐的。然而两人的见面，大多都是容国团让区盛联去拨打电话约黄秀珍的。并经常都是三人一起外出活动，区盛联做了他们俩的"电灯泡"。有时，容国团兴奋地把自己写的诗歌，拿出来让女友评价，一起研读修改；有时，他拿起毛笔练习书法，并要黄秀珍也在一旁跟着学；有时，他会拿起吉他，弹一首广东乐曲或什么民歌，要她伴唱，她执意不开口，他便乐陶陶地自弹自唱起来；有时，他做出各种鬼脸，逼得黄秀珍眼泪都笑出来了……

真挚的爱情，总是天真无邪、欢乐而又富有情趣的。在一个春天，容国团和黄秀珍约好，星期日去北海公园游玩照相。不料，星期六黄秀珍练杠铃时，不慎跌杠碰到牙齿上，整齐雪白的门牙，有一颗被崩去一角，一张开嘴，就十分难看。那天，黄秀珍坚持不照相了，可容国团非要她照不可。

"你要我献丑呀。"黄秀珍狠狠瞪了容国团一眼。

"这有什么呀。"容国团爽朗地笑了起来，逗趣地说，"把嘴闭紧，不就不碍你的美貌了吗？"

"去，去！"

"你就答应了吧？"

黄秀珍熬不过容国团的缠绕，只得同意。但是开拍时，容国团却想尽办法逗她："笑，笑，笑一个呀！唉，你连笑也不会呀？来，我笑一个给你看。"他说罢，自顾自地哈哈直笑，引得她闭不住嘴……

照片印出来了，容国团连照片带信寄给在郊外体院的黄秀珍，并附上一首他写的别有情趣的小诗：

白塔松高拨开云，

鸟语花香处处闻。

春回大地人间暖，

笑颜崩牙入画中。

……

黄秀珍看着照片上自己开口笑时缺一角门牙的怪样子，不禁有些难为情，看看那首趣味横生的小诗，更笑得前俯后仰。后来，女伴们看到照片和那首小诗，又听黄秀珍述说容国团逼她拍照时的情景，都笑成一团："这位世界冠军太有意思，太风趣啦！"

1964年开始，容国团决定和黄秀珍结婚。一切用品都已备办整齐，就等喝喜酒了。10月份他突然接到担任女队主教练的重任，婚期只好重新考虑。

他把这件事与黄秀珍商量，想不到她很爽快地同意了。这会儿，黄秀珍也从运动队下来了，在业余体校当教练，又和容国团住在先农坛一栋宿舍楼。她住在五楼，他住在三楼，两人又接近了。黄秀珍很温柔体贴，经常为他收拾床铺、倒烟灰缸、洗衣服、煮咖啡、到饭堂打饭、冲开水，甚至帮助他抄写训练计划，对容国团的事业给予很大支持。后来容国团从国外胜利归来，带来了一个考比伦杯——女子团体冠军杯，作为他们结婚的一份最尊贵的礼物。

1965年9月14日，28岁的容国团和26岁的黄秀珍两位有情人喜结良缘。

△ 爱好古典音乐的容国团

1966 年 10 月 2 日，一个小生命诞生了，是个女孩，出生时体重只有 4 斤 4 两。容国团高兴地把女儿抱到黄秀珍的床边说："你认为给女儿取个什么样的名字好呢？"

"由你来取吧。"

"'健雄'好吗？"容勉之走过来插嘴说。

"我认为就叫'劲秋'。"容国团解释说，"女儿是在金风初动的秋天出生的，人家说秋风萧瑟不好，但毛主席说'一年一度秋风劲'，认为秋天好，疾风知劲草嘛，你们觉得取这个名字怎么样？"黄秀珍和老人点点头，表示同意了。

这些快乐的日子像阳光一样，温暖地洒落在容家的生活之中。

 一片冰心在玉壶

★★★★☆

从香港回来的容国团，是秉性谦恭、心地仁厚、温文尔雅、至诚无私的爱国青年，典型的"乖仔"（听话的孩子），他平时少言寡语，很低调，不爱显摆，但因为他太低调，让别人觉得他不好接近，所以显得很高傲的样子。但与他接触之后，就会觉得他很平易近人，和蔼可亲。他乐于助人，甚至为一些穷队员解囊纾困。他注意和善于把个人名利、声望摆在一个恰如其分的位置，不轻狂，不做作，从不以名流自居，更不爱挤到名流圈子里以示高雅。有的队员受到最高领袖的接见，就激动得流下泪水，思绪万千，心情久久不能平静。1966 年容国团第三次被毛主席接见时，有记者访问他："容国团同志，你见到毛主席有何感想？"

"我不是第一次见到他了，有什么感想啊。"

记者本来想在容国团身上"捞料"的，没想到被他的直率吓了一跳，因为在那个年代，毛泽东的个人崇拜已经到了神化境界，容国团说这番话是要犯忌的。

在人群里，容国团反而喜欢与杨荧、谭卓林、郭仲恭这些名气不大的队员交朋友，如兄如弟，友情历久弥香。

在容国团获得第二十五届世界乒乓球锦标赛男子单打冠军后，被名声所累，外出时，常戴口罩、檐帽、墨镜，躲着球迷的困扰。虽然这样，仍然被眼尖的球迷辨认出来，要求签名留念。有一天，他与郭仲恭到北京大华戏院看电影，突然影厅内有几位观众惊喜地指着他说："容国团来了！"先是附近的观众把目光投向容国团，旋即全场的人都站起来顾盼。大家齐齐向他鼓掌致意，有人挨近他，要求他发表讲话。他彬彬有礼地向观众点头致意，然后平静地坐下来。放映时间到了，观众仍然站立。影院的经理于是走到他的身边恳求说："容国团同志，您不讲话电影无法放映。"郭仲恭也在一旁帮着经理求情："你好歹讲几句吧。"容国团感到局促不安，真诚地回答："我是个普通人，我不应在这种场合享受这种待遇。"这句话起先只有少数人听见，但很快传扬开去，大家都能理解他，便都慢慢坐下来了。

容国团非常注重个人的名誉，但对随之而来的利益却很淡薄，有功不自恃，从不向组织开口要官要钱，在很长的一段时间里，他安贫乐道，把自己看做一个普通的运动员。他为中华人民共和国夺得了第一个世界冠军之后，从未主动向国家要求得到一套舒适的洋房或加薪的待遇。当时他住两房一厅，月薪仍然是回广州工作时定的 86.50 元，每月还要扣除三四十元工资奉养长期患肺病的老母亲，他比起从香港和澳门回来的傅其芳、姜永宁、王锡添他们200元和130多元的工资差了一大截。组织针对他作出的重大贡献，曾研究过为他调一级工资，后来因一些缘故拖延了。可是他在得知后并无半点怨言。他心里想：回国服务是为了奉献，而不是为了索取。他很明白，现在国家正处于经济困难时期，开口要这要那是一种可鄙的行为。1960年夏，匈牙利队到中国访问比赛，别尔切克故意问容国团："第二十五届世乒赛，西多得亚军获得7000美元奖金，你夺取世界冠军又得了多少奖金呢？"容国团不假思索地婉转答道："我们中国运动员搞体育运动是为了锻炼身体。"回避了他的提问。正在推销走私手表的别尔切克摇摇头，不相信，觉得这是不可想象的。

△ 容国团母亲文淑莲是中山县南溪乡（今属珠海市南溪村）人

在国内三年经济困难时期，患有严重肺结核的文淑莲曾一度提出要求回香港居住，容国团认为她这样做对国家和政府影响不好，香港的反动势力会借此大肆攻击社会主义制度。他三番五次地将母亲说服了，打消了她的去意。但是，他这位年迈体弱的老母亲终因熬不过饥荒，溘然去世了。可容国团仍然坚信，中国人民在中国共产党的带领下，是一定能够战胜困难，使国家富强起来的。

容国团建立小家庭后，新添了一个女孩，经济开支有困难。老父见月底生活费用不够，就向老友梁焯辉借了七八块钱买米，解"燃眉之急"，准备下个月领取生活费再还给人家。这件事被容国团知道了，觉得父亲在外面丢了他这个世界冠军的面子，很不高兴，埋怨说："爸，你又向人家借钱啦，太没志气了，不够钱用可以节省一点嘛。"父亲觉得很委屈，顶撞了几句就悻悻走出家门，他找到了孙梅英诉苦："唉！我的儿子脾气真大，我受不了，回广州住算了。"

"容伯，容国团怎么会得罪你啦？"孙梅英关心地问，"哎哟，你又不是不知道容国团的脾气，他这个人秉直，像竹筒倒豆——直来直去。"老人听了孙梅英的话，心情舒缓些了。

在"三反"、"五反"运动中，社会上盲目涌动着一股过激的热潮，认为穿西装革履、留分头、打发蜡是资产阶级生活方式，甚至强制女同志裤管要超过 6 寸半，男同志裤管要超过 7 寸半。有的队员只好用熨斗硬生生地将裤管烫宽。容国团很看不惯，认为生活方式是个人生活的自由，每个人都有他自己的生活爱好和追求，不能将一种复杂的政治观念强加在他人身上。那时，容国团穿着很新潮，认为人为衣裳马配鞍。郭仲恭等一些队员受到他的影响，都模仿他的所谓资产阶级生活方式。

在一个周末，容国团穿着一件很合身的花衬衫，正要去赴女朋友的约会，刚出门就挨了一位领导的批评：

"容国团，说你多少次啦，要注意影响啊。"

"都是从香港带回来的，不穿不就浪费了吗？"容国团满心不高兴，冷不丁地迸出一句不服气的话。因为这件事，他打电话告知女朋友，说心里闷，不约会了。不久，容国团还是挨了这位领导在大会上不点名的公开批评。他心里很不是滋味，对女朋友说："人，应该有爱美的权利，自古都说'爱美之心人皆有之'。"这个时期，又有人风言风语，说容国团听外国的靡靡之音，世界观没有改造好。他反驳说，他听的是世界古典名曲，不是黄色音乐，两者不能相提并论。正由于他这种憨直的性格，所以在当时遭到一些人的非议。

一天晚上，上面组织球员去看话剧《槐树庄》，剧情从开始到大结局都充满着阶级斗争的火药味，艺术内容极为乏味苍白。他想：新中国成立之后，剥削阶级不是已经消灭了吗？怎么还会有这么多激烈的阶级斗争呢？他看了一会儿，就垂下头来思考。坐在旁边的庄则栋，见他兴味索然，好奇地问："今晚这个戏怎么样？"容国团轻轻地摇了摇头，既像回答又像自言自语地嘟哝："这本来是娱乐的时间，竟然又给上了一堂阶级斗争教育课。"庄则栋一伸舌头，不敢再问了。

容国团自从加入中国共产主义青年团之后，一直追求共产主义理想，他在志愿书写道："我志愿入团是希望能够得到团的教育，提高政治觉悟，树立革命人生观的崇高品质，更好地成为我国建设共产主义社会的接班人。"他曾被评为广州市"优秀青年团员"，当选为广东省第二、第三届政协委员。贺龙副总理曾经找他谈话，要求他申请入党。但他有个人的看法，认为加入共产党就得名副其实，党员的标准并不是要一个人在组织上入党，最重要是看他行动上是不是符合共产党员的标准；如果身为党员，表现却不像无产阶级先进分子，岂不是给党抹黑吗？所以他仍感到自己条件未成熟，暂且做党外的布尔什维克，他在很长一段时间里没有向党组织提出入党申请。

党组织代表了一种意念，在某种情况下，它能划分一个青年的足音与时下潮流和取向是否合拍。简而言之，就是在当时的气候下，被党组织拒之门外的人就是落后分子，起码不是一个要求上进的有为青年。女队翻身之后，容国团觉得目标已达到了，浮华散尽已落寞。他曾经想过打退堂鼓，不再担任国家乒乓球女队主教练，他认为当女队主教练真难。

1966 年初，全国掀起向焦裕禄同志学习的热潮。

容国团看到这则感人事迹的报道之后，被焦裕禄这种为人民鞠躬尽瘁、死而后已的精神所感动，思想开始有所转变，表示继续执教女队。这时期，容国团觉得女队翻身仗打胜了，他主管的四名团体赛主力队员都先后加入了中国共产党。而自己再不提出入党申请，将会陷于一个尴尬的境地，他想找党组织谈谈自己的想法，但心里又有些犹豫，觉得自己可能未够条件，勉强入党容易招人非议。不久，教练员傅其芳光荣加入中国共产党，他忽然羡慕起来了。

"傅指导呀，你现在可是又红又专啦，我要向你学习。"

"容国团，你也应该加入共产党嘛。"傅其芳笑着说。

容国团受到傅其芳的鼓励，立即向党组织写了一份入党申请书。

1966年初夏的一天，中国乒乓球队的一位领导来到容国团的家里，面对面地同他谈了入党的事情，容国团以他一贯的作风表态说："请党组织考验我吧！"

1966年秋，一场规模很大，涉及面很广，恒久而惨烈的"文化大革命"运动，在之前没有征兆，人们毫无心理准备的情况下急风骤雨式地降临了。训练停止了，比赛取消

△ 1987年11月16日，珠海市人民政府为容国团建立纪念铜像

了，乒乓球队成了政治"运动队"。老领导荣高棠被打倒、游斗；体育引路人贺龙成了"大土匪"。但是耿直的容国团依然不服气，他与队友一起给党中央写建议书，强烈要求参加第三十届世界乒乓球锦标赛，并写下"为祖国争取荣誉"的誓言，希望党中央能够理解他们的爱国热诚。他把"请战书"寄给中央文革小组。在政治冲击一切的年头，出国夺锦标就是资产阶级反动路线，有着海外关系的容国团不容分说被日夜审查，扣上里通外国"特务"的罪名，逼他走向绝路。

　　1968年6月18日夜，容国团在北京龙潭湖边思索了很久，最后自缢树上，以生命换取个人的尊严。

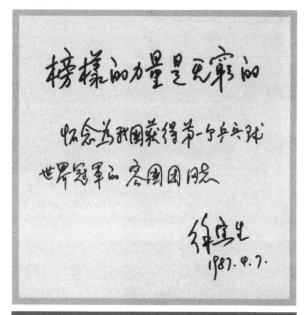

△ 1987年，在纪念容国团诞辰五十周年活动之际，中国乒乓球协会主席徐寅生题词

后 记

一只不死的火凤凰

也许有人会说，容国团其实可以不死，他完全可以不必那么执著，可以委曲求全。但是，容国团是有着强烈爱国心的青年，是硬骨铮铮的正直汉子，在善与恶、正与邪的斗争中，他会选择正义而宁折不弯。正如当年文天祥乘舟经过他的家乡——珠海的零丁洋时写下的沉郁悲壮的诗句："人生自古谁无死，留取丹心照汗青。"

容国团离开我们了，但薪尽火传，人们永远不会忘记，是他第一个打开了中国运动员通向世界冠军的大门，唤起了亿万中国人的自尊、自信、自立和自强；是他以"人生能有几次搏"的精神激励着成千成万的后来者为祖国赢得无数个世界冠军；是他为中国和世界乒坛开创了以发球抢攻为特色的新时代；正是他，为中国体育的强国之梦留下了第一抹亮丽色彩。

人们怀念这位为祖国、为人民立下丰功伟绩的英雄。1978 年 6 月 23 日，国家体委召开落实干部政策大会，为容国团、傅其芳、姜永宁平反昭雪，恢复名誉，并举行追悼会及骨灰安放仪式，把容国团的骨灰移厝在北京八宝山革命公墓。悼词里是这样评价容国团的："热爱党，热爱社会主义和体育事业……为人耿直，襟怀坦白，光明磊落……为发展我国社会主义体育事业忠心耿耿，兢兢业业，为加速提高我国乒乓球运动技术水平，为培养年轻一代乒乓球运动员贡献了毕生的精力。"

为了纪念容国团、傅其芳、姜永宁三人为中国乒乓球运动作出的重大贡献，国家体委于 1985 年开始，在上海、北京、中山设立"三英"杯乒乓球赛；广东省也于同年 8 月设立"容国团"杯乒乓球赛，让一代又一代的青少年踏着容国团他们的足迹，继续去攀登世界高峰。

1987 年 11 月，珠海市人民政府在容国团诞辰五十周年之际，在珠海市体委大院内竖立"容国团铜像"，并邀请国家体委领导和容国团生前的队友、学生、好友，以及香港知名人士霍英东先生等举行隆重的纪念活动。中国人民政治协商会议全国委员会副主席程子华为这次纪念活动题词："祖国的世界冠军先锋。"中华人民共和国体育运动委员会主任李梦华题词："'人生能有几次搏'的革命精神一直鼓舞着我国运动员奋勇前进。" 1997 年 10 月下旬，在容国团诞辰六十周年之际，国家体委在容国团的家乡——珠海市举办"松下"中国乒乓球大奖赛。2000 年春，中国第一个女子单打世界乒乓球冠军邱钟惠在珠海市创办"容国团乒乓球学校"。2009 年 4 月 5 日，中国历届乒坛国手在珠海市举行容国团获得中国第一个世界冠军五十周年纪念活动，并在位于南屏的珠海容闳学校设"容国团纪念馆"。容国团在天之灵可笑慰矣。

容国团给我们留下了丰厚的精神财富与无尽的追忆。凤凰集香木以自焚，终于涅槃再生。他，正是这样沃野千里一只不死的火凤凰。

100位

新中国成立以来感动中国人物

丁晓兵　马万水　马永顺　马恒昌　马海德　中国女排五连冠群体

孔祥瑞　孔繁森　文花枝　方永刚　方红霄　毛岸英

王　杰　王　选　王　瑛　王乐义　王有德　王启民

王进喜　王顺友　邓平寿　邓建军　邓稼先　丛　飞

包起帆　史光柱　史来贺　叶　欣　甘远志　申纪兰

白芳礼　任长霞　刘文学　刘英俊　华罗庚　向秀丽

廷·巴特尔　许振超　达吾提·阿西木　邢燕子　吴大观

吴仁宝　吴天祥　吴金印　吴登云　宋鱼水　张　华

张云泉　张秉贵　张海迪　时传祥　李四光　李春燕

李桂林和陆建芬夫妇　李素芝　李梦桃　李登海　杨利伟

杨怀远　杨根思　苏　宁　谷文昌　邰丽华　邱少云

邱光华　邱娥国　陈景润　麦贤得　孟　泰　孟二冬

林　浩　林巧稚　林秀贞　欧阳海　罗映珍　罗健夫

罗盛教　草原英雄小姐妹　赵梦桃　钟南山　唐山十三农民

容国团　徐　虎　秦文贵　袁隆平　钱学森　常香玉

黄继光　彭加木　焦裕禄　蒋筑英　谢延信　韩素云

窦铁成　赖　宁　雷　锋　谭　彦　谭千秋　谭竹青

樊锦诗

图书在版编目（CIP）数据

容国团 / 何志毅著. -- 长春 : 吉林文史出版社，
2012.7（2022.4重印）
（100位新中国成立以来感动中国人物）
ISBN 978-7-5472-1148-9

Ⅰ．①容… Ⅱ．①何… Ⅲ．①容国团（1937～1968）
－生平事迹－青年读物②容国团（1937～1968）－生平事
迹－少年读物 Ⅳ．①K825.47-49

中国版本图书馆CIP数据核字(2012)第171769号

容国团

RONGGUOTUAN

著/ 何志毅

选题策划/ 王尔立　责任编辑/ 王尔立 李洁华 任玉茗

装帧设计/ 韩璘

出版发行/ 吉林文史出版社

地址/ 长春市福祉大路5788号　邮编/ 130118

电话/ 0431-81629363　传真/ 0431-86037589

印刷/ 天津海德伟业印务有限公司

版次/ 2012年8月第1版 2022年4月第4次印刷

开本/ 640mm×920mm　1/16

印张/ 9　字数/ 100千

书号/ ISBN 978-7-5472-1148-9

定价/ 29.80元